新装版

ゴルフはインパクトの

前後30cm

大塚友広
Tomohiro Otsuka

幻冬舎

90台から110前後のスコアは、言わば〝踊り場〟である。
ここからスムーズに抜け出すための秘訣は
《インパクトの前後30センチ》を基としたスイングの最適化にある。

プロローグ

●スイングを最適化させてこそ正確なショットが打てるようになる

ゴルフを「スイングの形」から入ることは大間違いです。

私は、現在のゴルフレッスンには無駄な情報が多すぎると思い、自分なりの、よりシンプルな理論を構築してきました。

ゴルフは大人になってから始める人が多いスポーツです。それまでにさまざまなスポーツや仕事の経験が身体に染みついていますし、体形そのものも変化しています。となれば、人それぞれ、自分に合ったスイングを構築することが必要不可欠ではないでしょうか。

もし初めに教わった、もしくは自ら学んだスイングの形と自分の身体が調和していない場合、嚙み合わない歯車のように徐々にスイングが乱れていきます。いくらか練習を重ね、コースにも出ると、以前よりもショットが安定してきた、スコアがまとまるようになってきた、と感じるようになります。しかし、形から入ったスイングと自分の身体のバランスとの不一致が生じるタイミングで、アンバランスなスイングになるのは間違いありません。「人間の身体はバカなようでとても賢い」ため、ゴルフをすればするほど勝手に自分の身体の特性に合わせようとします。しかし、以前の形が頭に残っているので「これでいいのか？」と混乱してしまうわけです。こうして負のスパイラルをぐるぐると回り、ショットが安定しない、スコアが伸びない、そんな悩み多きゴルフ人生を送ることになってしまうのです。

　最初にスイングの形を決めつけられるということは、伸びしろの天井を決められてしまったようなものです。形から入ったスイングはあなたのスイングではない。無理やり合わない服を着ているようなもの。自分の身体の特性を活かしたあなた自身のスイングを身につけること、そう、**あなたに〝最適化された〟ゴルフスイングを構築することが、打球やスコアを安定させるための初めの一歩なのです。**理由はいたってシンプルで、それがあなたの体形に合ったスイングだから。

　現に私は、この方法を使って1年で70台に到達、さらにはパープレーも達成しました。「スイングの最適化」をベースに理論を構築し、そこに向かっていったからこそ実現できたことだと思っています。

●「ゴルフは物理だ」という結論から生まれた《インパクトの前後30センチ》

ゴルフを始めた当初、私はいかに最短距離で成長できるかを考えに考えました。たどり着いた答えは「ゴルフは物理だ」というものでした。

腕や上半身、下半身は使うものの、ボールを飛ばすのはあくまでクラブの仕事。どんなに豪快なスイングでも、クラブフェースの先端やネックに当たれば飛距離が落ちるばかりか、曲がったボールが飛び出します。**クラブフェースをどうボールにぶつけるのか、それでほぼすべてのショットは解決されるわけです。**

だから、「ゴルフは物理だ」ということを受け入れて、そこから理論構築をする必要性を感じました。

究極的に実現したいと思ったスイングは、テイクバックをなるべく少なくしたものでした。最初に考えたのは、ボールから50センチだけ離すテイクバックをして、そこからヘッドスピード46m／sを実現できないか、ということでした。

「これができれば究極的に安定したボールが出ることになる」

実際、人目を気にせず、練習場で何度も何度もテイクバック50センチ、次は1メートルと少し伸ばしたりしながら、本当にそれを実現しようと試していました。

確かに、インパクト率（「ミート率」と同じ意味ですが、本書ではあえてこのように表記します）はテイクバックが短ければ短いほど高くなります。しかし、ヘッドスピードはどうやっても46m／sにたどり着きませんでした。

「これは物理的に不可能だ」

「クラブの長さによる遠心力を利用しなければ、物理的に46m／sは実現できない」

そう悟ったのです。

次に考えたことは、「大きくテイクバックした状態から、自分の身体に合ったスムーズな軌道でインパクトを迎えるにはどうしたらいいだろうか？」ということでした。

私は当初行っていた、50センチのテイクバックからボールを打ったときのインパクト率の高さに着目しました。「インパクトの手前50センチにレールのようなものがあって、そこをテイクバックからの遠心力を使って一直線に通すイメージがもてれば、安定したショットが実現できるのではないか」と。

最初は50センチの長さの紐を置いて、何度も何度もそこを一直線に通す練習をしました。しかし、50センチという長さを〝長く〟感じ、テイクバックの自由度を奪われている印象を受けたのです。

試行錯誤を繰り返してその長さを短くしていった結果、**《インパクトの前後30センチ》、つまりはボールの中心から手前15センチとインパクト後の15センチ、ここを中心に自分のスイングを構築していくようになりました。**個々人の身体の特性を活かしながらその人に最適化されるスイング構築をする、最短で最長の距離が《インパクトの前後30センチ》であると結論づけたのです。

スイングのプレーンを意識して、きれいなスイング構築を行うということは無理があると断言します。なぜなら「きれいなプレーンをつくる」とか、「テイクバックの角度」とか、「グリップの握り方」などは人それぞれ違うからです。

もちろん、それぞれの項目ごとに基礎はあります。しかし、ゴルフは物理であるという本質から考えたとき、「ボールがどう飛んでいくか」の答えがきれいに表示されている〝インパクト〟を中心として自分の身体に合ったスイングを構築することが、ゴルフ上達の最短距離であるということは間違いありません。

ロボットがゴルフを行えば、最高のゴルフができます。なぜなら、ゴルフは物理だからです。毎回、正確にヒットできさえすれば、ボールは思うように飛ばせます。

しかし、ゴルフは人間が行うスポーツです。人間には骨格や筋肉という個性がそれぞれにあります。だからこそ、スイングの細部に意識を向けるのではなく、《インパクトの前後30センチ》にすべてを注力するのです。そこを中心に自分に合ったスイングを構築していく。その順番が答えであり、物理的に見ても正しい道なのです。

●無駄な情報を除き1点に注力すればゴルフは大きく変わる

あくまで私はビジネスパーソンです。時にクリエイター、時にイノベーター、時にマーケッターとなり会社経営をしています。

仕事に集中せずにゴルフだけに夢中になるのは本末転倒だと思っていますし、仕事があるなかで、どのように時間を有効に使ってゴルフを上達させるかが大切だと考えています。

時にゴルフは、魔物のように人々の心に食い込んできます。負けず嫌いの性格に火がついてしまうと消せないくらいの炎が燃え上がることもあります。しかし、私はビジネスパーソンとして仕事をしたうえでゴルフに取り組むものだと考えています。仕事に真剣に向き合えないようなマインドでは、ゴルフは上達しない。視覚から入ってくる多くの情報を正しくとらえ、客観的な視点やリスクを最小限に抑えるマネジメントなど、一瞬一瞬でそのときの状況を読み解かなければならないスポーツだからです。

だからこそ、仕事に集中したうえで時間を有効的に使ってゴルフに取り組むことで〝仕事力〟も確実に上がるはずです。少なくとも私は、ビジネスのとらえ方の幅が広がりました。そのくらいシビアで、クリエイティブで、クリアしたときには最高の達成感がある素晴らしいスポーツ、それがゴルフではないでしょうか。

ゴルフを始めたばかりの頃は、人生の先輩方にマナーが悪いと叱られたことも度々ありました。そういったことも含めて、ゴルフには、人生という旅のなかで必要なことの多くが詰まっていると思います。

本書は、私が仕事におけるあるプロジェクトでマネージャーという任を負っていた際に、本気で、そして短期間でゴルフがうまくなりたいという強い気持ちから、考えに考えてつくっていった〝生〟の理論をまとめたものです。

ゴルフ（スイング）の本質をとらえたとき、現状のゴルフレッスンに疑いの目しかもてなかった私は、今までのすべてのレッスンを捨てました。そして人間の身体の仕組み、心の仕組み、よいボールを打つということの答えを追い求め、とてもシンプルな理論にたどり着いたのです。

「どこに集中するかでゴルフは大きく変わる」

「心技体」が一体となることでよいショットが生まれるスポーツであるからこそ、無駄な情報はなるべく削ぎ、集中するポイントを少なくすることが大切です。

「人間の身体や心は、バカなようでとても賢い」

この本質を理解したうえで、それを活かしたスイング構築が間違いなくゴルフ上達の最短距離になります。

コース設計者との対話を愉《たの》しみながら、ゴルフの奥深さや歴史、伝統を味わい、豊かな人生の一端にゴルフという華を添えてください。

また、これからを担う若い世代のビジネスパーソンにもぜひこの本を読んでゴルフを始めてほしいと願っています。そして国際化されたマーケットを舞台に質の高いビジネス展開を行っていただきたいと思います。

より多くの人々がゴルフに触れることで、その素晴らしさや楽しさによって幸せになり、日本のゴルフマーケットが活況を呈することを切に願っています。

コース設計者が魂を削って設計してくれた素晴らしいコースが閉鎖されていく現状は、ゴルフに育ててもらった者として黙って見てはいられません。いちゴルフ愛好家ではありますが、少しでもゴルフ発展のお役に立てるなら、このうえない喜びです。

大塚友広

新装版　ゴルフはインパクトの前後30㎝

目次

PART 2

普通のビジネスパーソンでも1年で「70台」が出せた14の取り組み

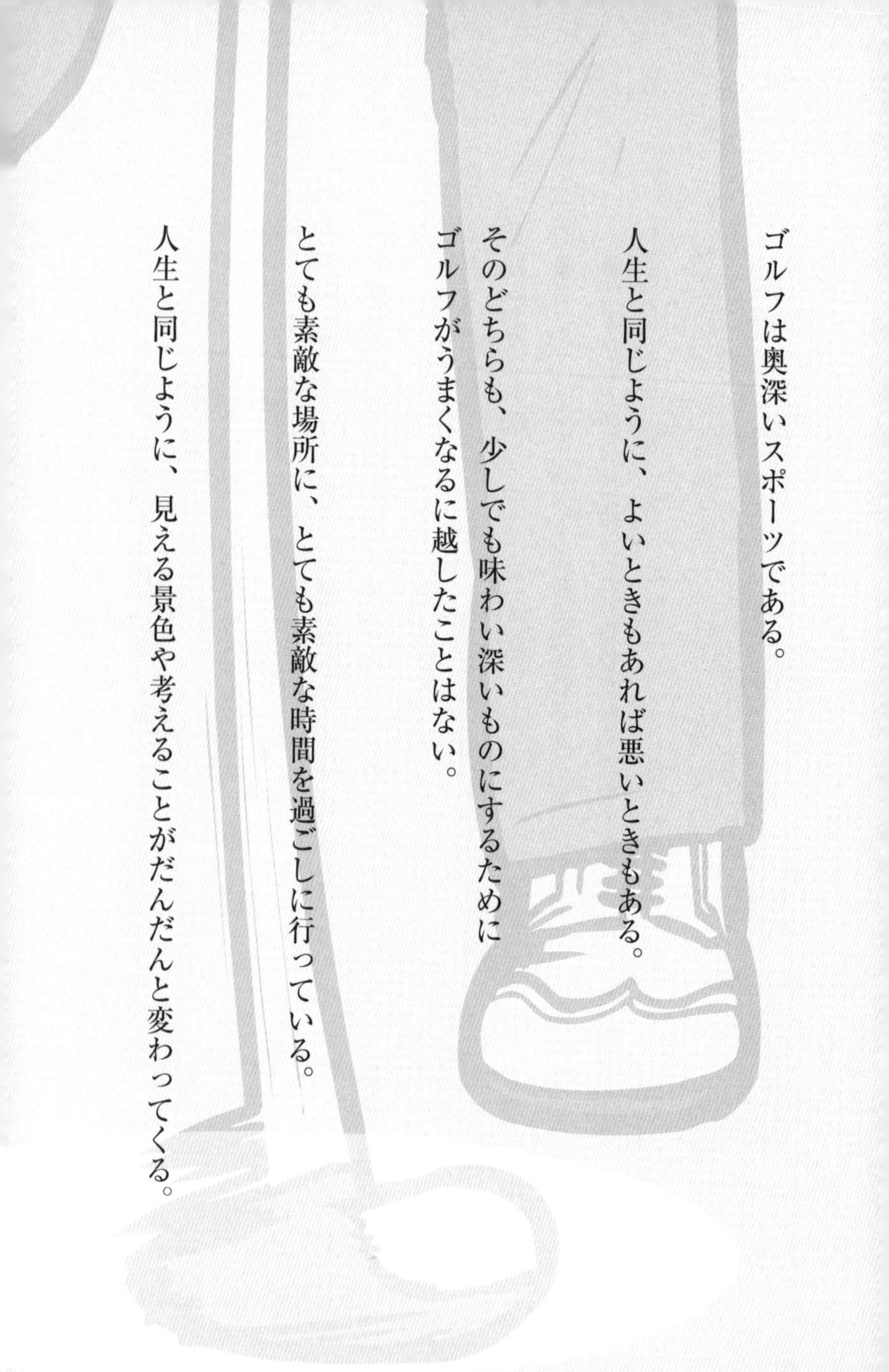

ゴルフは奥深いスポーツである。

人生と同じように、よいときもあれば悪いときもある。

そのどちらも、少しでも味わい深いものにするために
ゴルフがうまくなるに越したことはない。

とても素敵な場所に、とても素敵な時間を過ごしに行っている。

人生と同じように、見える景色や考えることがだんだんと変わってくる。

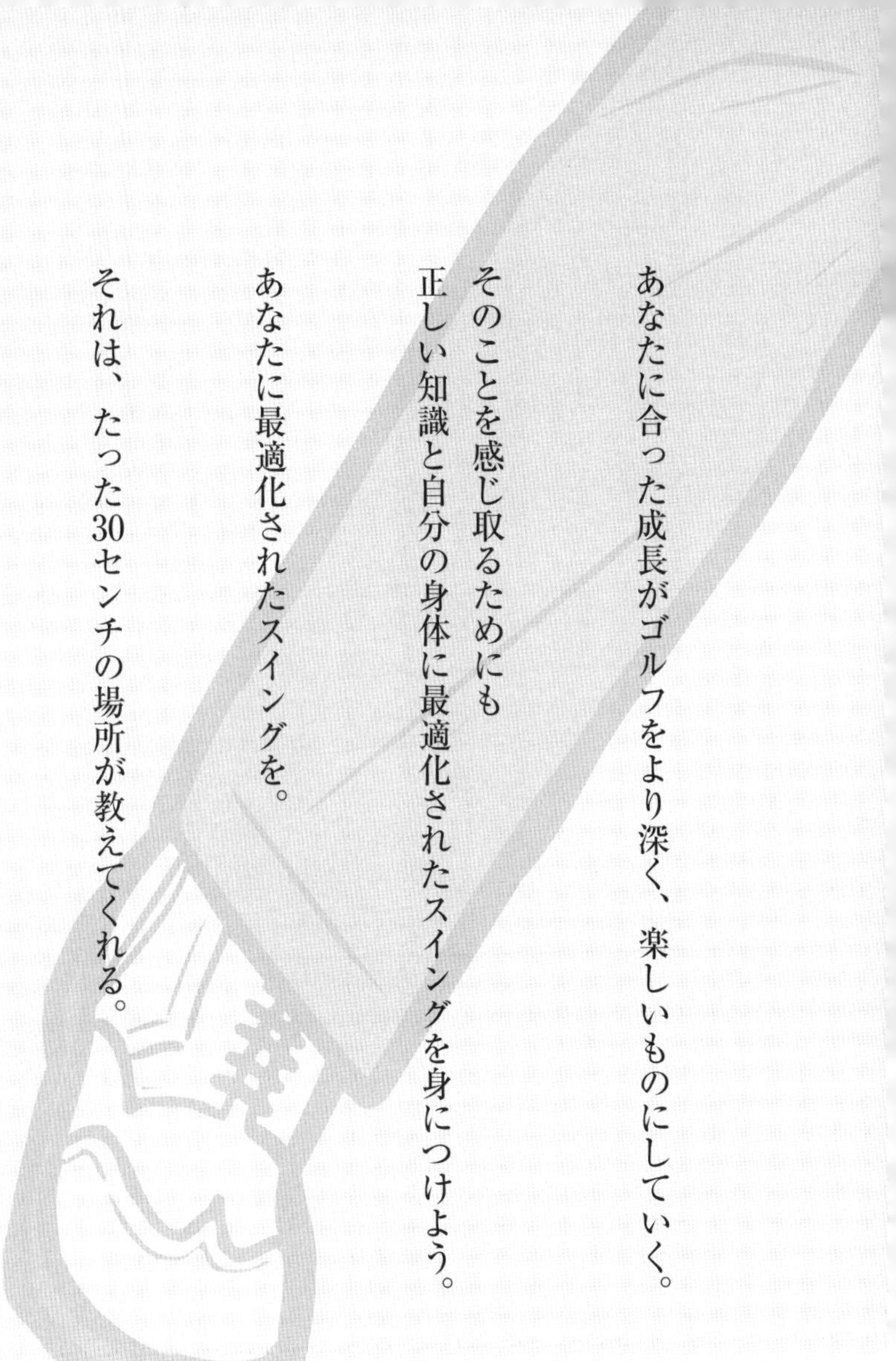

あなたに合った成長がゴルフをより深く、楽しいものにしていく。

そのことを感じ取るためにも
正しい知識と自分の身体に最適化されたスイングを身につけよう。

あなたに最適化されたスイングを。

それは、たった30センチの場所が教えてくれる。

（注1）本書のレッスンカリキュラムは、プレーヤーが右利きであると仮定して解説されています。レフティーの方には大変申し訳ありませんが、表記されている〝右〟と〝左〟を逆に解釈する必要があります。

（注2）本書で紹介する『インパクト・ドリル』には、ふたつのボールを同時に打つものがあります。練習場で行う際には、周囲に十分注意を払って取り組んでください。

PART 1

ゴルフで最強のソリューションは「インパクト」を整えることである

#1 「インパクト」を基としたスイングの最適化でゴルフのあらゆる問題は解決される

スイングの最適化とは？

野球を始めた少年がいるとしましょう。その少年が初めて練習に参加したとき、まずはキャッチボールから始めます。そこで指導者は何を教えるでしょうか。「相手の胸をめがけて投げるんだよ」が正解ではないでしょうか？　「肩を下から回すようにして、その次に肘を前に押し出して、顔の横あたりでボールを離して……」と教える指導者はおそらくいないでしょう。

ゴルフを始めるとき、グリップはこう握って、テイクバックはこうやって、身体の軸をブレさせずにボールを上から叩くように……。こんな指導を受けた人は多いでしょう。ここにゴルフを始める際の矛盾があります。形から入ると、その後の成長が阻害されるどころか、ある程度成長しても必ず悪いスパイラルに引き戻されてしまいます。人間、とくに大人は、それぞれ体形、体重、身長、ボディバランス、手のひらの大きさ、指の長さ、すべてが違います。**決まった形を入れると、それは自分に最適化されたスイングにはなりません。**それを防ぐには、〝初めから〟自分に合ったスイングをつくっていく必要があります。成長を阻害せず、スイングが安定するのを早め、どんな環境においてもベストスコアを残すために必要なことなのです。

「スイングの最適化」は、正しい成長軌道を描くための基礎固めです。これができてから、よりボールを飛ばすには何が必要なのか？　最適化されたスイングをより効率化させるにはどうしたらいいのか？　これらを考えていくのです。

初めから効率を追求したスイングを求めてしまうと、必ずあとで歪《ひず》みが生じ、悪いスパイラルに入り込んでしまう。そうなってから「自分に合ったスイングはどういうスイングなんだろう？」と悩んでも時すでに遅し、なのです。

安定した１００切り、さらには80台のスコアを残すための最短距離は、自分の身体に最適化されたスイングを探すことなのです。

大前提 《インパクトの前後30センチ》

「ボールを中心として、その前後15センチ、合計30センチの幅を中心にすべてを考えていく」

これがスイングを自分の身体に最適化する過程で大前提となるポイントです。**クラブ（ヘッド）がこの30センチのあいだを通過するときだけはスタンスと平行に、一直線にラインを引く**ことを意識してください。

本書の理論のすべての基となる部分であり、《インパクトの前後30センチ》に意識を集中させ、ほかの部分の意識をすべて拭い去ることで、自分の身体に最適化された、つまりはあなたの身体の特性を最大限に活かしたスイングが生まれるのです。

当たり前のことですが、なぜ左右に大きく曲がるようなミスショットが出るのかといえば、インパクトゾーンに狂いが生じるからです。そこでミスの正しい理由を把握できないことから、多くのゴルファーは打ち方（スイングの形）に目を向け、さまざまなことを頭の中で思い巡らしてしまう。そうするとスイングが乱れ、本来の自分の

【インパクトの前後30センチ】

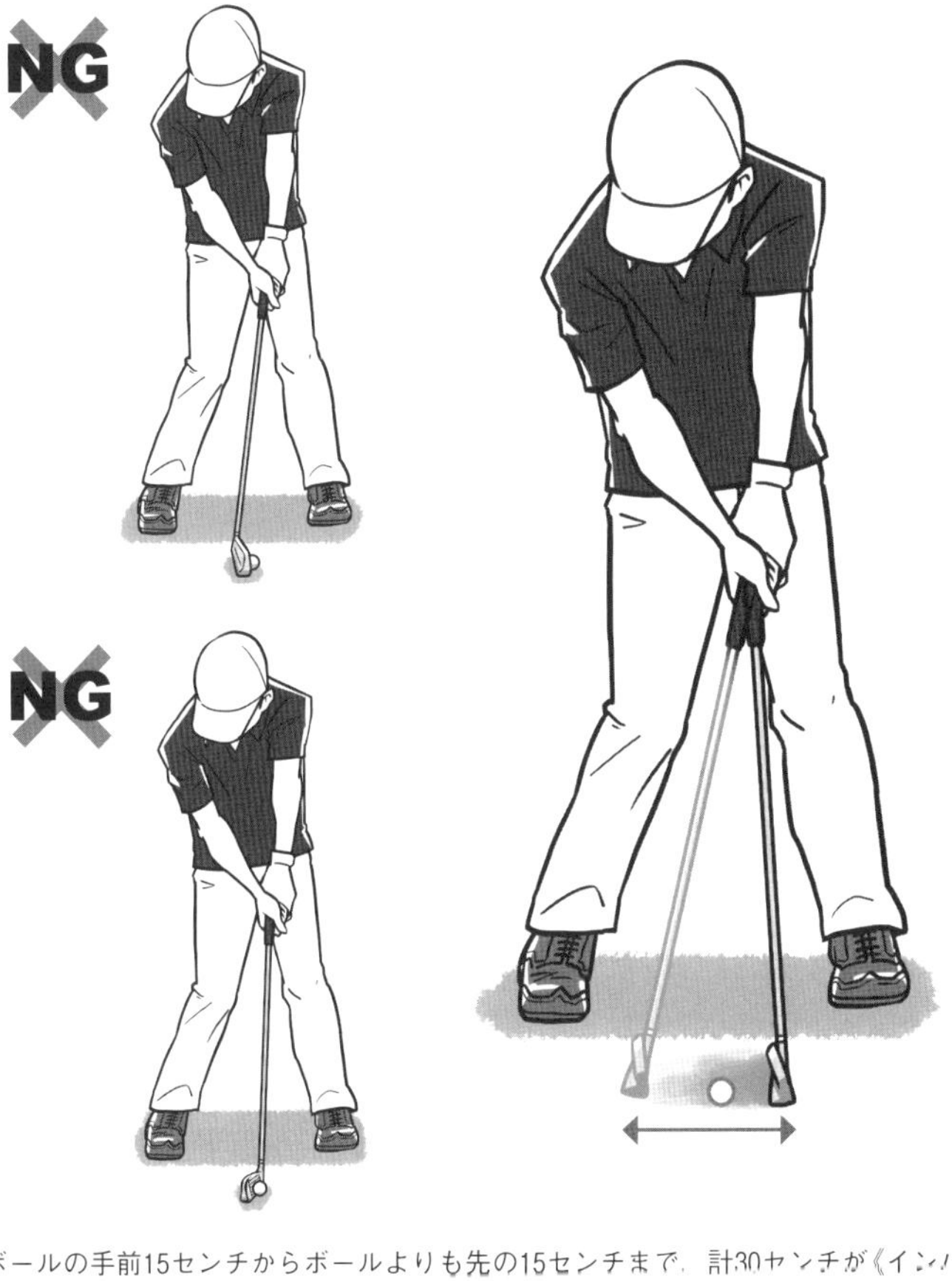

ボールの手前15センチからボールよりも先の15センチまで、計30センチが《インパクトの前後30センチ》。このあいだをクラブヘッドが一直線に通過すればまっすぐ飛ばせる。フェースが被りすぎたり、開きすぎたりしないように、正しく引いた《インパクトの前後30センチ》のみを意識してスイング構築を行うことが本書の大前提。

スイングではなくなってしまうのです。

「フックが出る」や「スライスがひどい」などは間違いなくインパクトの問題です。これは、《インパクトの前後30センチ》をクラブヘッドが平行に通過する、というゴールからスイングを構築したのではなく、どういった動きをすると正しいインパクトを迎えられるか、という形からスイングをつくってしまった弊害でもあります。


自分らしいスイングは《インパクトの前後30センチ》からつくります。その際、**スイングの形の一切を意識から消してください**。テイクバックの角度や、クラブの進入角度には個性があっていい。ただし、《インパクトの前後30センチ》だけはクラブヘッドを平行に走らせることに最大限、意識を集中してください。

「一点に意識を集中する。それ以外は自分の個性が出ていい」

この意識をもてば、オンプレーンの美しいスイングが自然とつくられていきます。そして自ずとボールはあなたが目標とした地点に飛んでいくことでしょう。

スイングの最適化を図る3つの要素

少年野球のキャッチボールの話からもわかるように、ゴルフは考え方のスタートが間違っているケースが多くあります。手取り足取り、非常に細かい箇所まで教えてあげることはいいように思えますが、スムーズに、正しいインパクトを迎えることを阻害し、いつまでたっても成長できないままになってしまいます。

まずは、《インパクトの前後30センチ》を基に自分の身体が本能的に動きやすい状態をつくってあげる必要があります。

しかし、それだけではゴルフスイングは成り立ちません。すべては《インパクトの前後30センチ》を基に考えるのですが、その考え方を最大化し、スイングの最適化を図るための要素が3つだけあります。

これは、実際に私がゴルフを始めてから、考えに考えたなかで実践した方法でもあります。あくまで《インパクトの前後30センチ》を守りながらも、この3要素と連動させることでスムーズなゴルフ（スイング）の成長が望めるのです。

ゴルフが大好きな人ほど、チェックポイントを細かくしてしまっている傾向にあります。ゴルフの魅力がそうさせてしまっているのだと思いますが、**チェックポイントを細かくすればするほど、スイングの流れは乱れていきます。**細かすぎるプロセスの構築は、人間の身体の特質上、無駄であり、物理的にも困難なことだからです。

ゴルフのボールがうまく飛んでいくかどうかは、本書の柱である《インパクトの前後30センチ》にすべて集約されています。**そこを基にしてほかの付随する要素を考えていくことが、誰にとっても自分に合ったスイング構築をする最短距離なのです。**

本書内で何度も出てくる言葉ですが、「人間の身体はバカなようでとても賢い」からこそ、柱となるものは1点に集約する。その柱を太くするための3要素を紹介していきましょう。

要素① 本当の「スイング軸」のつくり方

大前提でお伝えした《インパクトの前後30センチ》、ここをスタンスと平行にラインを引くということをつねに意識したうえで、次に考えることは「軸」です。

ここでは、背中から一直線に軸をつくることや、2軸でスイングをつくるといったことは頭から外してください。結果として、1軸がベターだと考えていますが、それはあくまで結果論で、身体の軸をブレさせないという考え方を最初に頭に叩き込むのは間違っています。極端な言い方をすると、「1軸のスイングがいい」や「2軸で考えよう」などという考えはただのエゴにすぎないのです。

本当に必要なスイング軸は「目線」でつくります。「背中から1本軸をつくって」という教えを聞いたことがありますが、それができないから多くのゴルファーが困っているのです。それは結果であって、実際にプレーする際に考えなければならない軸は別にあるのです。

さっそく解説していきましょう。

●目とボールのあいだに引く「軸」のコントロール

7番アイアンを持ち、ボールはスタンスの中央に置いてアドレスします。このとき、**自分の目とボールのあいだに一直線の軸を引きます。**これが本当の「スイング軸」です。

この軸をスイング中ずっと、ブレないようにするわけですが、そのためにはスタンスの中央に置いたボールをスムーズに打てる足の幅を探します（確認しながら自分が最も気持ちよく打てる幅を探してください）。この時点ではグリップおよびテイクバックの角度などは一切気にしなくて大丈夫です。

身体がスウェーしないようにして、まずは上半身の動きをつくっていきます。

・自分の目とボールのあいだに引いた一直線の軸をブラさない
・ボールが気持ちよくまっすぐに、もしくはまっすぐからやや右（フェード）に飛んでいく足の幅とスイングの角度を見つける

このふたつを守った状態から、《インパクトの前後30センチ》に向けてショットをして、スイングの最適化を行っていきましょう。

【目とボールのあいだに引く軸】

「背中を1本の軸として」などのスイング軸では、身体が固まって動かなくなってしまう。目とボールを結んだ線による軸ならば、安定したインパクトになることはもちろん、軸を柔軟に操作できてさまざまなライに対応していける。

●「目線」の本当の役割

自分の目とボールのあいだに一直線の軸を引くのは、身体の軸をキープするためです。ゴルフにおける身体の軸のコントロールは「目線」で行うことができるのです。

1軸で身体の軸をブラさないように、といった指導を体現できる運動能力をもった人はそんなに多くはありません。自動車教習所の教官が、ハンドルの役割も教えずに「右に曲がって」と言っているようなものです。目線という、軸をコントロールするためのハンドルの動きを知ることが最大のポイントです。

目とボールのあいだに引いた一直線の軸をブレさせない、つまり軸をキープするためには、スイング中、目線を早く切ってはいけません。「ヘッドアップはよくない」という言葉の本質は、身体の軸をブレさせず正しいインパクトを迎えるということです。

目線は、コースでプレーする際にも極めて重要な要素になります。**目線のコントロール、つまり目とボールのあいだに引いた軸をほんの少しズラしていくことで、コースでのさまざまなライに合わせたインパクトを迎えることができるのです。**

この「ライと目線軸の関係」はコース攻略では欠かせない重要なポイントですので、あとで詳しく触れます。

【目線軸を保ったままスイング】

自分の目とボールのあいだに引いた軸は、インパクトを迎えるまでキープしたまま。
この軸を微妙にコントロールしていくことでショットの幅が広がる。

NG

どちらも目線軸が切れた状態。身体が突っ込んだり、顔が仰け反ったり、理由はさまざまだが、正しいインパクトを迎えるには最後まで目線軸をブレさせないことが最も大切だ。

要素②

スイングの司令塔「重心」の確認

適切な「重心位置」を知ることは、あなたのもつ力を最大限にクラブとボールに伝えるために必要です。たかが重心、されど重心。重心位置の最適化によって、インパクト率が上がって飛距離が伸び、「今までの窮屈なゴルフはなんだったんだ」という思いさえ湧いてくるでしょう。そのくらいすべてに影響を与えるスイングの司令塔のような存在が重心位置なのです。

次に紹介する方法でチェックして、重心位置を最適化してください。

●重心位置チェック・スイング

7番アイアン、もしくは5番アイアンを持ってアドレスしてください。ボールはティーアップせずにスタンスの中央に置きます。ヘッドをボールの右に置き、テイクバックなしでボールを運びつつ力強くフォロースルーに向かいます。

この動きを次の４つを組み合わせてチェックしてください。

【重心位置チェック・スイング】

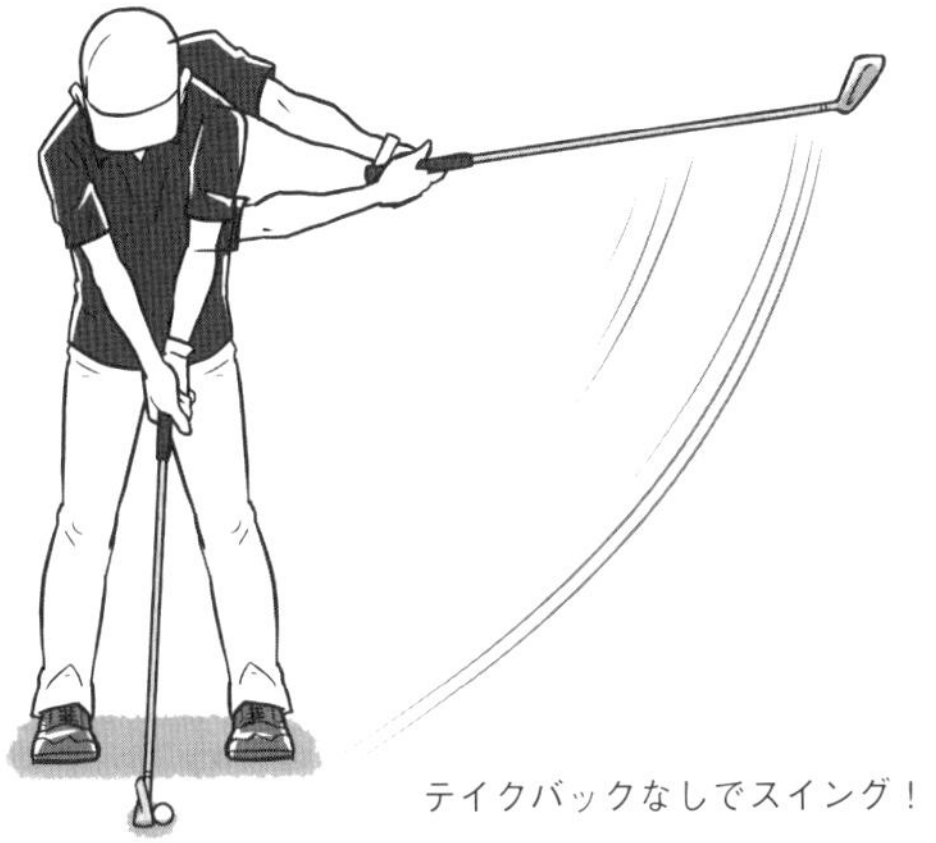

1 つま先重心が打ちやすいか？
2 かかと重心が打ちやすいか？
3 内側重心（内股）が打ちやすいか？
4 外側重心（外股）が打ちやすいか？

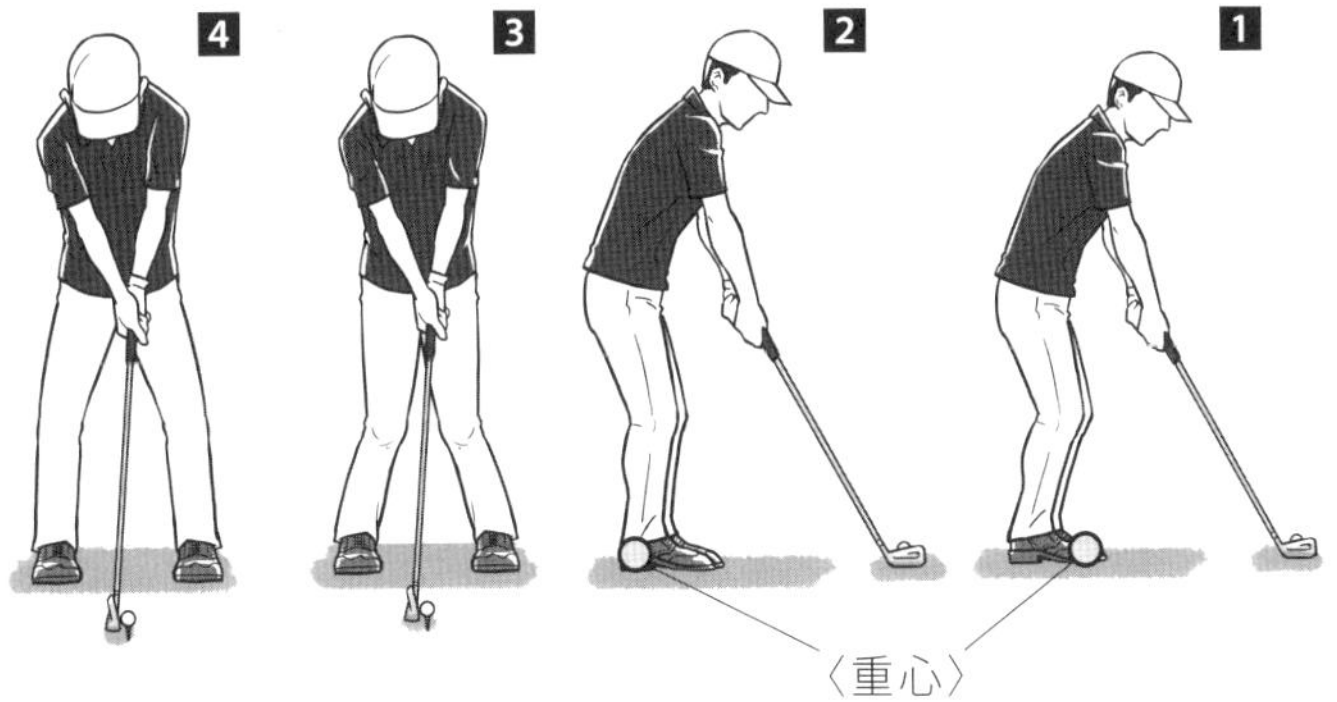

「つま先重心が正しい」といったように、どの重心位置が正しくて、どれが間違っていると決めつけるのはよくない。重心の影響が出やすいテイクバックなしのスイングによって、自分に当てはまる重心位置を見つけよう。

ボールが、より遠くへ、高く飛ぶ重心位置が正解です。

通常のスイングでチェックしてもOKです。あえてテイクバックなしのスイングとしたのは、重心の影響がより出やすいからです。明らかに違和感のない場所を探して、そこに意識をもっていきながらスイングすることで、インパクト率が向上することを実感できるはずです。

大切なことは、あなたに合った重心位置が存在する、ということです。つま先重心で内股がいい（❶×❸）。かかと重心で外股が打ちやすい（❷×❹）。このようにそれぞれで違うと思います。

自分のスイングが最もスムーズにインパクトの瞬間を迎えられる重心位置、それがあなたの重心位置です。今まで「重心は前です」などのレッスンを受けた人は「本当に大丈夫か？」と思うかもしれませんが、安心してください。私自身、「かかと重心の内股（❷×❸）」が最も打ちやすい重心位置です。

重心位置がわかったら、**スイングをするときに自分の重心位置のポイントに意識を集中させてください。**たとえば私は、かかと重心の内股ですので、かかとの内側を意識しています。つま先重心で外股が重心位置の人であれば、両足の小指あたりを意識するといいでしょう。細かいことですが、じつはこの意識を変えるだけでインパクト率と飛距離が向上するのです。

以前、友人からラウンド直前にアドバイスを求められたことがありました。スイングにバラつきを感じたので、適切な重心位置を探し、「今日はそこだけに意識をもってやってみて」と、ひとつだけアドバイスをしました。すると、その日にベストスコアを10打更新したというわかりやすい事例もあります。自分のスイングではない形を教わってしまっていた典型的な例でしょう。

《インパクトの前後30センチ》を基として、目線によるスイング軸をつくっていれば、おそらく自分の得意な重心位置になっているとは思いますが、改めてここで確認してください。最も即効性があり、スコアアップにつながりやすいと言えます。

大切なことは、自分の気持ちいい重心を意識して、スイング時にそこに集中することです。

要素③ スイングの「スタート」と「ゴール」の設定

もうひとつの要素は、スイングの最適化を図るために必要でありながら、ロングショットにおいては飛距離を上げるために欠かせない、「スイングの〝スタート〟と〝ゴール〟の設定」です。多くのアマチュアゴルファーは、スイングの「スタート」と「ゴール」をアドレス（振り上げる前）の状態に設定しています。アドレスの状態に身体を戻そうとすること自体は間違っていませんが、考えるべきは〝スイングにおける〟スタートとゴールの設定です。

インパクトを中心にとらえたとき、クラブ（ヘッド）の最加速点はボールを通過したあとの位置に設定する必要があります。**インパクト通過後30〜50センチに最加速点、すなわちスイングの「ゴール」を設定し、そこから自然なフォロースルーにもっていく。**インパクトの瞬間をゴールに設定しないということです。

そして、**スイングの「スタート」は、テイクバックをして手が最も高い状態に到達したところ（トップの位置）に設定することが最も効率的です。**アドレスの状態をス

【スイングの「スタート」と「ゴール」】

トップの位置をスタートとして、ボールより先のゴールを目指せば、軸がブレないスムーズなスイングになり、理想的なインパクトを迎えられる。アドレスの状態をスタートとしてしまうと、切り返しの捻転差に身体がついていけなくなり、インパクトがブレてしまう。プロゴルファーでいえば、松山英樹選手はまさにスタートをトップの位置にした理想的なスイングを行っている。

タートに設定すると、どうしてもそこに戻ってくる場所を最加速点にしたがるのが人間です。それでは、ボールが飛ばないばかりか右に出てしまう、もしくはスライスになってしまう確率がとても高くなります。野球経験などがあるスイングの速いゴルファーがスライサーから抜け出せない理由はここにあります。

アドレスからテイクバックする腕がいちばん高いところに向かうまでは、あくまでスタートに向かっている段階。飛行機に喩《たと》えるなら、滑走路に向かっている最中です。その後、テイクバックの最も高い位置で滑走路に入り、そこから振り抜いていく。この意識を頭に叩き込むことでショットは大きく進化します。

アドレスから一気に振り上げて打っていく動作は、体幹がしっかりした人でも切り返しからインパクトを迎えるまでに軸を戻すことが困難になります。これはほとんどのアマチュアゴルファーに共通して言えることです。アドレスの状態をスイングのスタートに設定すると、速い切り返しになりやすく、インパクトを迎える大切なときに軸がブレてしまうのです。この方法で行うスイングに再現性をもたせられるのは、小さな頃からゴルフに馴染んでいるプロゴルファーです。つまり、身体で覚えることができる年齢からしっかりとスイングの回数を重ねている人ということになります。

ゆったりと振り上げ、体幹がブレないままスタート地点に着き、そこから一気に助走するイメージをもつことで、軸のブレないインパクトを迎えることができます。さらに、最もスピードの上がるポイントをボールの30〜50センチ先に設定すれば、ボールとの接触時間（フェースがボールに触れている時間）が長くなり、つかまった強いボールが打てるのです。

女子プロより明らかにスイングが速く、力もあるスポーツ経験豊富な男性アマチュアが、なぜ女子プロよりも飛ばないのか？　その秘密はすべてここに隠されています。

・ボールをつかまえて、生きたボールを打っているか？

・クラブヘッドがボールにぶつかった瞬間にスピードが落ち、ボールが死んでしまっているか？

この違いによって差が出ているのです。

ドライバーのみならず、すべてのクラブに共通して言えることです。ぜひ、スイングの「スタート」と「ゴール」の設定に意識を向けて練習に励んでください。

#2 スイングが最適化されていくインパクト・ドリル

良質なインパクトを生み出し、スイングは最適化されていく

ここまで《インパクトの前後30センチ》を軸としたスイングの最適化の大切さと、その必要性について解説してきました。

《インパクトの前後30センチ》を基にスイングの最適化を行うことは、あなたの身体に合ったスイングを構築することになり、ゴルファーにとって〝踊り場〟とも言える90台～１１０前後のスコアから早く抜け出すための大きなポイントになります。

また、スイングの最適化は、無数の理論が飛び交うなかで無駄な情報を排除し、より効率的なゴルフの成長を促進します。それに伴って「スコアが出ない↓スイングで

悩む↓どこが悪いかわからなくなる」という負のスパイラルに入り込まないための最善策とも言えるでしょう。

ここでは、《インパクトの前後30センチ》を基にしたスイングの最適化はどのように行えばいいのか？　これを実際に私が取り組んだドリルによってより具体的にしていきたいと思います。

じつを言えば、**《インパクトの前後30センチ》さえ意識できていれば、ただ単にショットを打ち続けても効果はあります。しかし、フルショットの練習ばかりでは、どうしてもインパクトへの意識が散漫になりがちです。**

ここで紹介するドリルは、いずれも「インパクト」を整えるために必要な要素が詰まったもので、インパクト率の向上にも大きく貢献してくれるものです。すべてのドリルにおいて柱となる《インパクトの前後30センチ》への意識をつねに忘れないようにして、繰り返し取り組んでください。

ドリル① 「スタート」&「ゴール」のセッティング素振り

市販のスイング棒（短くて柔らかいものを推奨）を使います。

スイングのスタート地点までゆっくりと持ち上げ、そこからスイングのゴール地点（インパクト通過後の30〜50センチ）で最も大きな音がするように振りましょう。このとき、《インパクトの前後30センチ》をつねに意識するため、床材の継ぎ目を目印にするか、もしくはタオルを置くといいでしょう。

最初は手前側（右側）で〝ビュッ〟と音がする人がいると思います。**意識をインパクトよりあとのゴールに向け、左側で大きな音がするようにしましょう。**

素振りの本質は〝身体に刷り込ませる〟ことです。時間のあるときに部屋でこのドリルを繰り返すと、実際のスイングも気づかないうちに変わっていくはずです。実際、私のスイング（スイングテンポ）の構築に最も役立ったのはこのドリルです。シンプルなドリルですが、本当にバカにできません。**この素振りの意味を理解することで、ほとんどの男性ゴルファーは確実に230ヤードは飛ばせるようになるでしょう。**

左側で音が鳴れば、スイングの「ゴール」をインパクト通過後に設定している証拠。ゴールを間違えると最加速点がインパクトの手前になり、インパクト時にスピードが落ちるばかりか、左方向への引っかけなどミスショットも生まれてしまう。

ドリル②　パッティング・インパクト

自宅で手軽にできるドリルです。インパクト率の向上、「スタート」と「ゴール」の意識、目線軸、重心位置、《インパクトの前後30センチ》など、ゴルフのスイングにおいて最も重要な要素がぎゅっと凝縮されているのがパッティングです。**パッティング力の向上はすべてのショット、アプローチの向上につながる**と言っても過言ではありません。次のポイントを守ってドリルに取り組んでください。

・ショット同様、スイングの「スタート」と「ゴール」を意識する
・最加速点はインパクト通過後の15センチに設定する（ボールより先のターゲットに向かって打つイメージ）
・《インパクトの前後30センチ》はショット同様、平行にする
・自分の重心位置で目線軸をしっかりとつくる

これらを意識したうえで、より少ない力でカップイン（ホールがなければ目標物に当てる）を目指しましょう。理想のボールラインが描けるはずです。

パッティングでも「スタート」と「ゴール」を設定し、目線軸をブレさせずにストロークを行う。ショット同様、フェースが被ったり開いたりせずに、《インパクトの前後30センチ》は一直線にヘッドを動かしてインパクトを迎えるようにすること。

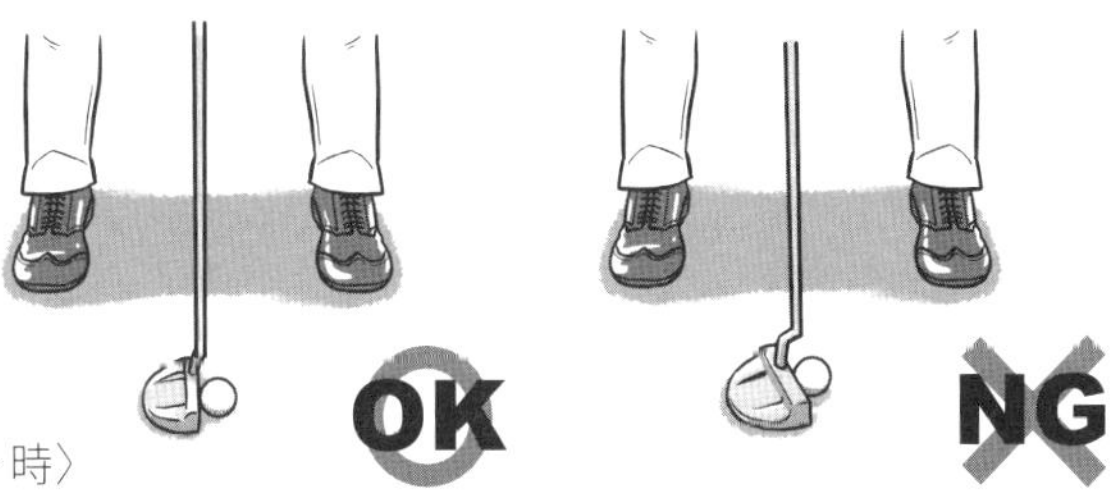

〈インパクト時〉

ドリル③ 3ボール・インパクト

これは、すべての基になる《インパクトの前後30センチ》を整えるために実践してほしいドリルで、インパクト時のフェース面を感じ取るのに適しています。

使うのは、7番アイアンか6番アイアン。スタンスのセンターを中心に、右、左の両サイドにボールを置きます。ボールの中心同士が15センチくらいの間隔になるようにします。その3つのボールを右側から順番に打っていきましょう。

右、中央、左、すべての位置のボールを同じ方向に向かって打つのがポイント。ボールの高低差は出ますが、あくまで同じ方向に打つことを意識してトレーニングしてください。

インパクト率の向上につながるドリルです。スイングを行う際、《インパクトの前後30センチ》を意識してください。**テイクバックの角度、プレーンの角度などは意識の外に追いやっていいのです。それらは、《インパクトの前後30センチ》を意識してスムーズにスイングすることでつくられていくものだからです。**

スタンスの中央に置いたボールの左右に、
15センチほど間隔を空けてボールをセット。
これを目印に自分が打つボールを置こう。

右側から順に中央、左側と打っていくが、いずれも同じ方向へ飛ばすのが理想的。フェースの軌道が整い、より正確に《インパクトの前後30センチ》を迎えることができるようになる。ただし、ボールは右→中央→左の順に高くなっていく。

ドリル④

スロースイング・インパクト

インパクト率の向上を図りつつ、身体の軸のブレを防止するドリルです。

遅めの、スローなスイングでボールを打ちます。ゆっくりとスイングするのですが、**ダウンスイングからフィニッシュまで、なるべく同じスピードでスイングすることを心がけてください。**

このドリルによって体幹も鍛えることができます。また、スローなスイングを身につけることで、アプローチの精度を高めることもできるのです。

サンドウェッジやアプローチウェッジ、7番アイアンなどさまざまなクラブでスロースイング・インパクトを練習してください。その際、《インパクトの前後30センチ》の意識は変えず、目線軸も切らないように行うことがポイントになります。

フルスイングのみの練習がどれだけ内容が薄いか、体感できるはずです。

意識すべきはスイングのスタートからゴール、そしてフィニッシュまでなるべくゆっくりと、同じスピードで振りきること。いつもよりも明らかに遅いスイングで打つためボールを運んでいく感覚が得られ、インパクト率の大きな向上が図れる。

ドリル⑤ 10ヤード・ショット

サンドウェッジを使って10ヤードの距離を打っていくドリルです。極めてシンプルですが、インパクトの精度を上げるのに必要なすべてが凝縮されています。インパクト率が向上すると同時に、アプローチのテクニックも飛躍的に向上します。

あえて10ヤードとしているのは、この距離を狙って打つことは力の入れ具合が非常に難しいからです。だからこそ10ヤードを徹底して打ち続けるのです。

次の3つを中心に、なるべくさまざまなスイングで10ヤードを狙いましょう。

・大きなスイングでゆったりとしたスイングスピードで狙う
・テイクバックを少なくして低めの弾道で狙う
・クラブを少し開いて高めの弾道で狙う

ゴルフにおいて10ヤードは、誰にとっても要になる距離です。ゴルフでも「神は細部に宿る」のです。小さな10ヤードが、とても大きな10ヤードになることを体感してください。

たかが10ヤード、されど10ヤード。この10ヤードをさまざまな打ち方で狙うことで、いろいろなインパクトの感触を覚えていくことができる。短い距離だからこそ、フルショットにはない細かな筋肉の使い方を身体で覚えられる。インパクト率はもちろん、さまざまな状況でのアプローチの技術が向上するドリルだ。

ドリル⑥ 払い打ちショット

このドリルは、インパクト率の向上と、《インパクトの前後30センチ》の正しい軌道を描くために行います。腕を曲げないことにより、ボディを使ったショットのコツをつかむという副産物を得ることができます。

クラブを握ったら、両肘を伸ばします。腕を伸ばした状態のままテイクバックをして、シャフトと地面が平行になるまで上げたところからインパクトめがけて振り出します。**このとき〝ボールを払っていく〟イメージを強くもってください。**そして、シャフトと地面が平行になる位置までフォローをとったら終了です。

初めはうまくいかないことも多いかもしれませんが、何度か打っているうちに感覚をつかめるでしょう。

私がスイング構築の初期で何度も取り組んだドリルです。インパクト率が飛躍的に向上したので、ぜひ毎回の練習に取り入れてみてください。

両肘を伸ばしたままショットしていくことで、手首の無駄な動きが少なくなる。フェースの開きを抑えることで《インパクトの前後30センチ》の軌道が安定する。また、肘を伸ばしたままのショットはインパクト後のスイングにもいい影響を与え、飛距離アップにも貢献してくれる。初めは戸惑うかもしれないが、少しずつ振り幅を大きくしていくことで徐々に前に飛ぶ距離を伸ばしていこう。

ドリル⑦ ティーアップ・ショット

最大限にティーアップされた状態から、ドライバーではなく、アイアンでショットをしていくドリルです。**インパクト率の向上と、アイアンショットをダウンブローで打っていく練習になり、ライの角度に柔軟に対応していけるようになります。**

たとえば7番アイアンであれば、指2〜3本分、通常よりも短く持って実践してください。

このドリルはインパクト時のイメージがとても重要です。ティーを叩いてしまうと、気持ちのいいインパクトを迎えることができません。ボールだけをとらえられるようになるまで続けましょう。もちろん、《インパクトの前後30センチ》の意識は忘れずに。

慣れてきたら、7番だけでなくさまざまなアイアンでトレーニングすることが効果的です。最終的にはサンドウェッジでボールだけをとらえられるようになることを目標に行ってください。

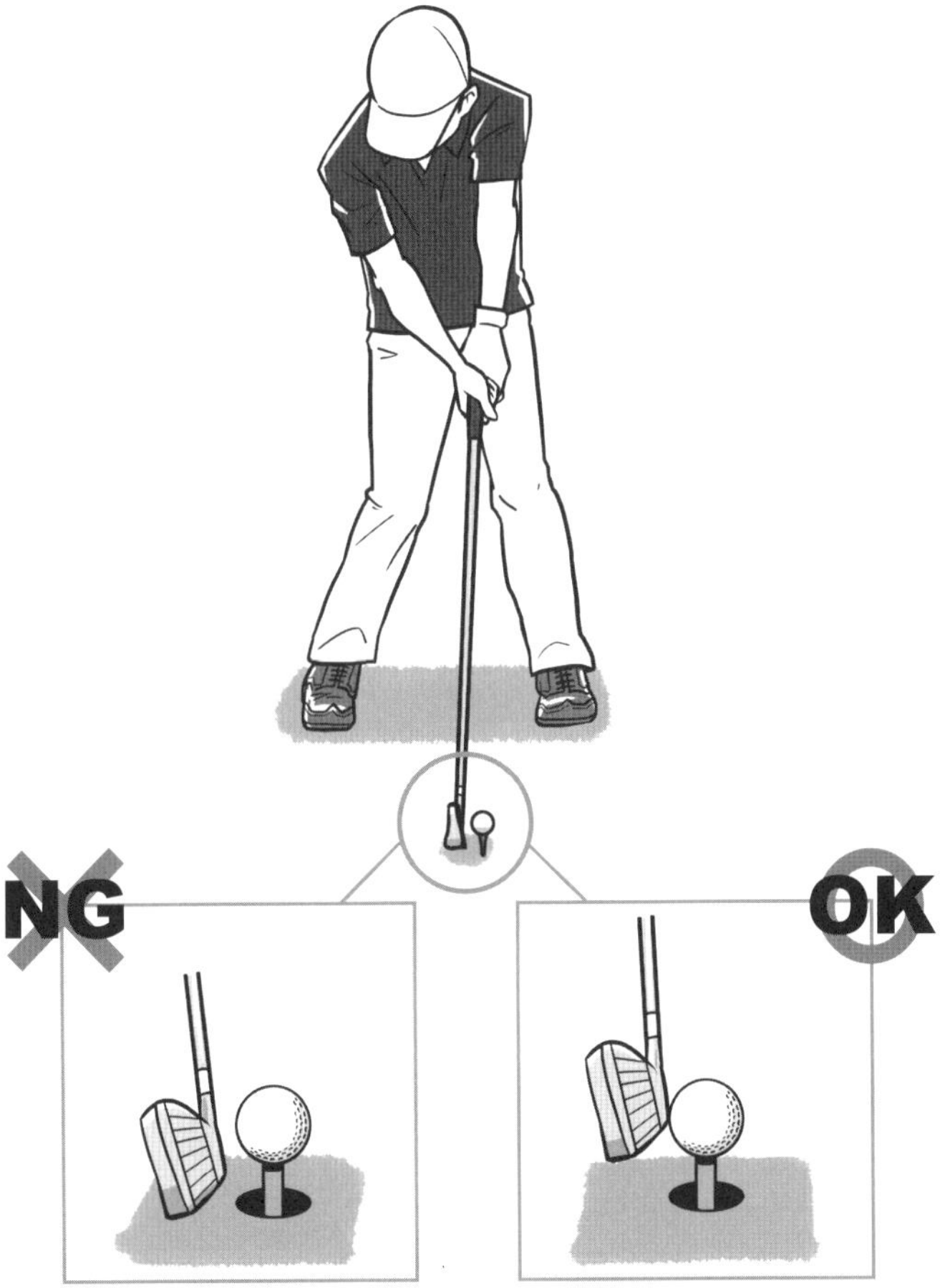

アイアンのインパクトのイメージを焼きつけるドリル。アイアンは地面に置いた状態で打つことがほとんどだが、あえてボールを浮かせることで正しいインパクト軌道を意識、イメージできる。インパクト時、ボールのみをとらえる音に変わればOK。

ドリル⑧ 2ボール・インパクト（7番アイアン）

7番アイアンを使ってスクエアなインパクトの精度を高めるドリルです。

ふたつのボールを並べて置き、それを同時にショットします。うまくいったときには、ふたつのボールがきれいにまっすぐ飛んでいきます。もしインパクト時にスクエアに当たらなかった場合、どちらかのボールが先に飛んだり、極端に左右に開いて飛んだり、ふたつのボールが散らばって飛んでしまいます。

アイアンによっては、ヘッドの幅を超えた状態でのインパクトになりますが、ボールの芯をとらえることができる範囲には収まっているので安心してください。

初めはフルショットではなく5～6割の軽めのショットから練習するとコツをつかみやすいです。慣れてきたら8割のショット、最終的にはフルショットで行えるようになればベストです。練習場では、周囲の安全を十分に確認して行いましょう。

ふたつのボールを打つと、ひとつのボールを打つことがとても易しく感じられます。スクエアなインパクトの習得に最適なドリルですので、ぜひ取り組んでください。

構えてみると「本当に打てるの？」と思うかもしれないが、ふたつのボールの端がアイアンのヘッドの横幅を超えていても打てるショットなので心配なし。スクエアなインパクトを迎えられるようになると同時に、ボールの圧力も2倍になることで、アイアンのインパクトにおける力の入れ具合も身体に染みついていく。

ドリル⑨ 2ボール・インパクト（パター）

今度はパターを使って、ふたつのボールを打つドリルです。

やり方はアイアン同様、ふたつのボールを並べて置き、それを同時にパターで打ちます。ふたつのボールが平行にまっすぐ転がっていけば成功です。

パターはインパクトのトレーニングにおいて、最小の動きでありながら最大の効果を発揮するクラブです。パッティングがよくなることで、アプローチの距離感、アイアンショットの精度など、さまざまなところに効果が生まれるのです。

また、パッティングではスクエアなインパクトが必須条件です。自宅でパターマットを敷けば練習できるので、このドリルを含めてパターのトレーニングをなるべく多く行いましょう。

自宅のパターマットでも取り組むことができる。ストロークの「スタート」と「ゴール」の意識が大切。とくにゴールまできちんとヘッドを運ばないとふたつのボールの転がり方に違いが出てしまう。ストロークのゴールの大切さも実感できるドリルだ。

ドリル⑩ クラブローテーション・トレーニング

スコアアップを目指す最後の壁になるのが、クラブごとの〝調子のバラつき〟です。

その日の体調はもとより、スイングが1本のラインになっていないことが原因です。それを克服するために、練習場では1球ごとにさまざまなクラブを交互に使う練習を行う必要があるのです。

身体が温まったら、まずはドライバー、次はミドルアイアン、その次にウェッジ、といった具合です。

練習場でコースに沿った練習を行えている人は非常に少ないのではないでしょうか。ドライバーを持ったら何球も、いえ何十球も連続でドライバーショットを打つ。1種類のクラブで連続してボールを打つことも間違いではありませんが、やはりコースを意識した練習も取り入れたいところ。**1球ごとのクラブローテーションのなかで、自分の不得意なクラブも見えてきますし、コースのイメージトレーニングにもつながります。**周りの目を気にせず、コースで最大限楽しむためにぜひ行ってください。

コースでは同じクラブで連続して打つシーンはほとんどない。１球ごとにクラブを変更するトレーニングで、必ず実戦に活かされるはず。慣れてきたら、ドライバーの次はウェッジ、というように極端に長さの違うクラブで打っていくのも効果的。

#3 さらに精密なインパクトに変わる クラブごとのテクニック

最適化されたスイングでゴルフをアレンジ

ここまで《インパクトの前後30センチ》を基とした理論、そしてそれを体現していくためのドリルを紹介してきました。自分の身体に最適化されたスイングが少しずつ身についてきていると思います。

たくさんのゴルフ理論が存在しますが、いずれも無駄が多すぎます。「ボールを穴に入れる」というシンプルなスポーツであるにもかかわらず、スイングに関する無数の理論がインパクトまでの過程を複雑にし、より難しいスポーツにしてしまっているのです。

大切なのは《インパクトの前後30センチ》のみを意識すること、そしてそれを基にしたトレーニングを行うことで、あなたの身体に最適化されたスイングを構築することです。そうすれば、悩みに悩むネガティブなゴルフから、自分のスイングを使ってどうアレンジしていけばいいかという、ポジティブなゴルフに変わっていきます。

あなたの身体に最適化されたスイングが構築できているかどうかのひとつの指針は、コースに出て「自分らしいゴルフができている」「ゴルフにやらされているのではなく、ゴルフをしている」という感覚が芽生えること。これが大きなサインになります。

ここでは、《インパクトの前後30センチ》を基として構築されたあなたらしいスイングを、より実戦的に、コースでも使える形に変えていきましょう。

というのも、**ドライバーとアイアンではインパクトの目線軸や、ボールのとらえ方が微妙に異なる場合があるからです。**コースは練習場と違って平らな場所はほとんどなく、いろいろなライからのショット技術が求められます。ですから、各クラブで、さまざまなシーンごとに意識するインパクトのテクニックを覚える必要があるのです。

あなたに最適化されたスイングを、より精密にしていくというわけです。

●誰でもできる目線を使った「ドロー」と「フェード」の打ち分け

ドライバーショットにおける「ドロー」と「フェード」の打ち分けは目線軸を使って行います。**ボールを見るポイント、つまり自分の目とボールのあいだの軸をズラすことにより行うことができるのです。**

・ドローを打ちたい場合：ボールの「中央上」に目線軸の支点を置く
・フェードを打ちたい場合：ボールの「中央下」に目線軸の支点を置く

また、ドライバーの距離が出ない、ボールがつかまらないという悩みをもつ多くのゴルファーは、ボールを最後まで見ていないケースが非常に多いです。「ボールを最後までよく見よう」という言葉の本質は、**クラブヘッドが通過するまでスイング軸を固定することによって、インパクトの前後軌道を整える**ということです。スイング軸の固定には、目とボールとのあいだの軸を正しく構築することが不可欠です。

【目線軸の操作でドローとフェードを打ち分ける】

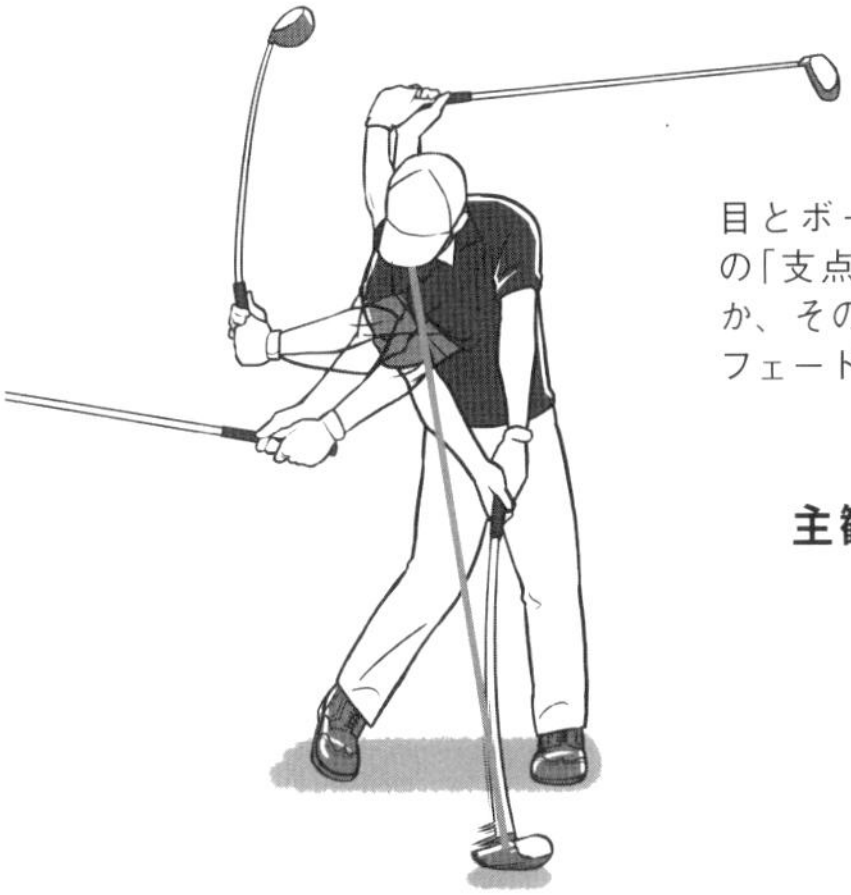

目とボールのあいだに引いた軸の「支点」をボールのどこに置くか、そのコントロールでドローとフェードが打ち分けられる。

主観的に見ると……

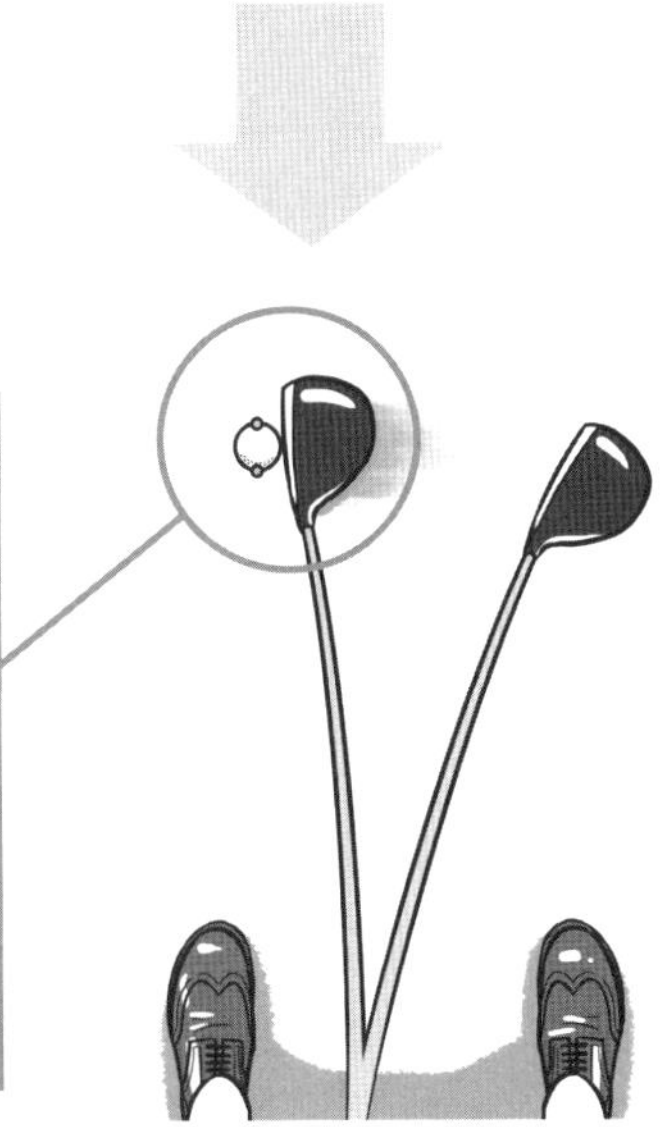

ドローを打つときはボールの「中央上」、フェードを打つときは「中央下」に目線軸の支点をつくる。「たったこれだけ？」と思うかもしれないが、少しの目線軸の違いがどれだけ大きな影響になるか実感できるはず。

●ドライバーのスイングテンポは鉛でコントロール

最近はドライバーのヘッドに「鉛」を貼っている人が少なくなりました。ヘッドの重心をコントロールするための重りが最初から内蔵されているドライバーが出てきたからかもしれません。しかし、鉛はスイングテンポを細かくコントロールするのに大いに役立ちます。

スイングの「スタート」と「ゴール」にも関わることですが、あなたにとってヘッドが軽すぎる場合、身体は勝手に切り返しを早くしてしまいます。その結果、スイングのスタートポイントが若干早くなり、ボールは右へ出ます。飛行機が滑走路にまっすぐ入りきる直前にスタートを切り、滑走路を斜めに加速してしまうようなものです。

そこを改善するために鉛は極めて有効です。**ヘッドの軌道を整えることによって弾道コントロールも行っているのですが、じつは身体に合ったヘッドバランスになることでスイングテンポが整い、ボールが飛ぶようになるケースも多いのです。**

同様に、ドライバーのシャフトの長さも最適化してあげる必要があると私は思っています。

身体のキレ、スイングのテンポによりその人に最適なシャフト長が存在します。市販の45インチのドライバーにフィットする人は、じつは非常に少ないはずです。そして、その事実とあなたに合ったシャフト長を教えてくれる人も少ない。プロゴルファーのシャフト長がそれぞれ微妙に違うことはよく知られていますが、アマチュアゴルファーこそシャフトの長さ、ヘッドとのバランスを整えることが必要なのです。

ティーショットというゴルフのスタートにおける場面で使うことの多いドライバーが合うか、合わないかで悩んでいるプレーヤーが多すぎます。そこが合わないことでOBでスコアが崩れる、他人に迷惑をかけてしまう、モチベーションが下がる。最悪の場合、だんだん嫌になってゴルフにあまり行かなくなる……。

入り口の整え方をきちんと伝えないことで、ゴルフの裾野が狭くなっているのではないかと思うくらい、重要なポイントなのです。

シャフトの長さ、キックポイント、ヘッドとのバランス、これらを整えることでゴルフの楽しさはさらに開けます。気持ちのいいドライバーショットが打てるようになることで、モチベーションもコントロールしやすくなり、集中力も持続します。ショットとスコアが劇的に変わり、ゴルフへの取り組み方も激変するのです。

●ドライバーのシャフト選択がインパクトに与える影響

ドライバーにおいてシャフトの選択は極めて重要なことです。スイングの最適化と同様、あなたにとって最適なシャフトを手に入れることが何よりも重要になります。

メーカーの決まり文句である「このシャフトは飛ぶ」というのは、万人に当てはまるものではありません。あなたにとって飛ぶシャフトが必ず存在します。

スイングの「スタート」と「ゴール」の設定をきちんと行うことで、基礎的なスイングリズムは構築されます。しかし、**スタートからゴールに向かう過程でのリズム、スイングスピードには必ず個性が生まれ、その個性によってシャフト選択は変わってきます。**自分の身体に合ったスイングの構築ができたところで、ドライバーのシャフトを一度見直してみましょう。

シャフトの特性は、大きく分けて次の3種類があります。

・元調子　・中調子　・先調子

それぞれの特徴を理解せず、自分に合わないシャフトを選択することはスコアにも大きく影響します。

気持ちよく振り抜けるものがベストですが、あなたのスイングや飛び出すボールの癖を把握して、シャフトを選ぶことが大切なのは間違いありません。

たとえばスライスが出やすいプレーヤーは「先調子」、左が怖い人は「元調子」といった具合に、自分の打球の癖と反対の性質をもつシャフトを使うことで、正しいインパクトを迎えることができます。

「シャフトでそんな変わるのかな?」とか「もっとうまくなってから選ぶ」などと思うプレーヤーは多いですが、ドライバーのシャフト選択がマッチすると、本当に10〜30ヤードくらい飛距離に変化が現れます。

反発係数にはルール上の限界がありますから、ヘッドにおける距離の違いはそこまで大きくありません。しかし、ドライバーはいちばん長いクラブだからこそ、シャフトによる距離の影響度が大きいのです。

スイングが最適化できていない場合、シャフトを替えてもまた買い替えることになり、コストパフォーマンスが悪くなります。まずは、あなた自身のスイングをつくり、そのうえで自分に合ったシャフトを探してみてください。

●アイアンとは異なる〝平らな〟インパクト軌道

フェアウェイウッドのインパクトのイメージについて、よく「アイアンと同じだ」という話を聞くことがあります。確かに似ていると思いますが、ソールの形状、よりリスクを減らしたショット、という観点では微妙な違いがあります。

フェアウェイウッドは、アイアンに比べるとダフりのリスクがかなり低くなります。平らなソールであるということがいちばんの要因です。また、アイアンに比べると柔らかいシャフトを入れている場合が多く、シャフトのしなりが生じます。以上のことから、フェアウェイウッドでは、**ボールを真横から打つ、つまり平らなインパクトを迎えることが理想的です。このインパクトの軌道は、目線軸のコントロールで実現することができます。**これでスライスやフックのリスクは確実に減るでしょう。

フェアウェイウッドは、インパクトのコツさえつかんでしまえば、易しいクラブです。ボールも上げやすく距離の出る素晴らしいクラブ。アイアンとは違う、フェアウェイウッドのインパクト軌道をつくっていくことが大切です。

【フェアウェイウッドとアイアンの目線軸と軌道の違い】

〈フェアウェイウッド〉

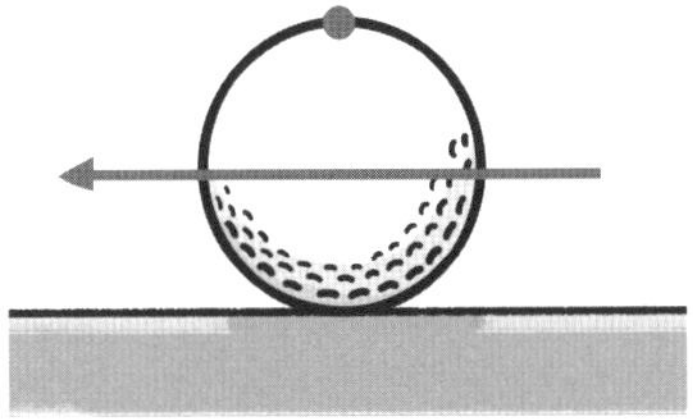

真横から見た図（矢印はクラブの軌道）

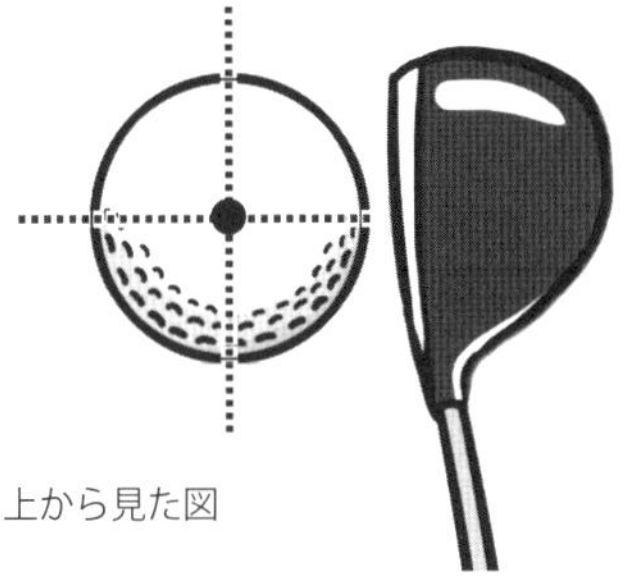

上から見た図

ダウンブローで狙う人もいるが、ソールの形状を活かすことやシャフトの柔らかさのリスクを考え、ボールに対してなるべく平らなスイング軌道を描くことが理想的。目線軸を「中央」に設定し、ヘッドをボールの真横から走らせるイメージをもとう。

〈アイアン〉

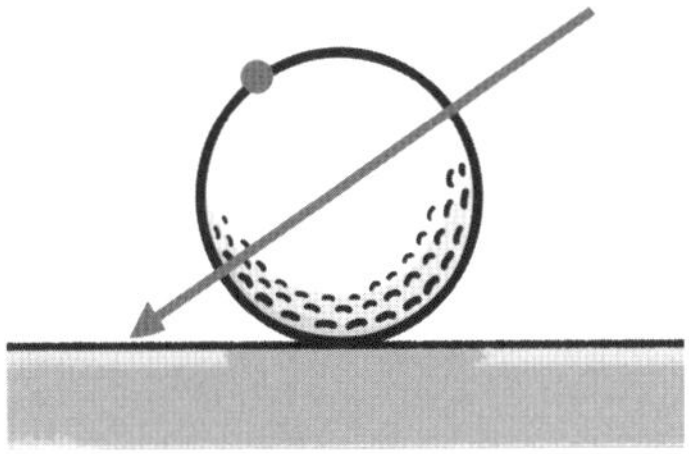

真横から見た図（矢印はクラブの軌道）

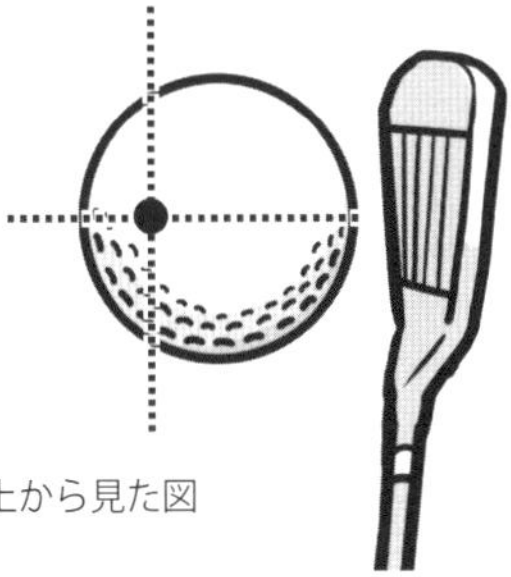

上から見た図

アイアンショットの基本はダウンブロー。目線軸の支点を「打ち出し方向」に設定することで、クラブの最下点も打ち出し方向に設定される。目線軸の設定ひとつで、ダウンブローで打ちやすくなるのだ。

●「ライ」という最大の課題、これを理解すればアイアンショットは激変する

ライとは何か？　こう言われたときに正確に答えられるゴルファーはあまり多くありません。

「ボールが今そこにある状態」

これが答えです。

ドライバーショットは基本的にティーグラウンドで打ちます。このときのライから受ける影響は、少し斜めになっている、という地面の傾斜の問題が大きいでしょう。

しかし、セカンドショット以降のアイアンショットでは、そうはいきません。ラフにあれば芝の影響を受けます。それも、芝がどのくらい厚く入ってくるかなど、非常に細かいライの違いがあります。たとえフェアウェイだったとしても、つま先下がり、左足上がりなど状況はさまざまです。

最大の課題は、それらの状況が毎回すべて違うということです。一度たりとも同じ状況でゴルフをすることはありません。

いちばん影響を受けるのはスイングでしょう。練習場で行うような決まりきったスイングができない。地面の角度などにより体重移動のコントロールがスムーズにできない。インパクト時の入射角などにも大きな変化が現れ、思った方向に理想的な弾道でボールを飛ばすことが難しくなります。

だから、セカンドショット以降でのアイアンショットは不確実なものです。プロゴルファーでも、完全に満足できるアイアンショットは1ラウンドに1本あるかどうかです。不確実なものとしてとらえることで問題解決に少し近づくことになります。

この問題をクリアし、少しでもミスを少なくするには、**最適化されたスイングに加えて、目線軸をコントロールすること、そしてブレないインパクトを迎えることが必要です。**

80〜81ページで、コースに出れば必ず出くわすと言っていいシーンで、目線軸の支点をボールのどこに置けばいいのかを紹介します。ライへの対応がうまくできていないプレーヤーはもちろん、より精度を高めたいプレーヤーも参考にしてみてください。

〈平らなライ〉

意識するのは正確なダウンブロー。傾斜により勝手に体重移動してしまうなどのリスクが少ないため、ダウンブローでとらえるオーソドックスな「打ち出し方向寄り」の位置に目線軸の支点を設定する。

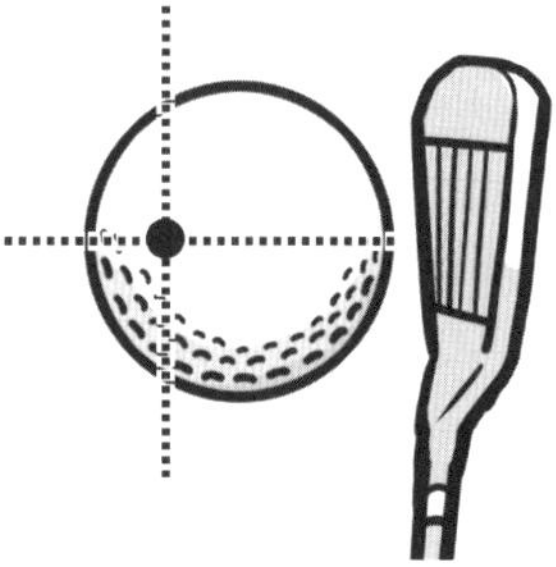

〈左足下がりのライ〉

傾斜により身体が打ち出し方向に倒れそうになる。このリスクを考え、ボールの「中央」に目線軸の支点を設定することで、身体の動きへの意識をもたせすぎず、無駄な情報を排除してライに対応することができる。

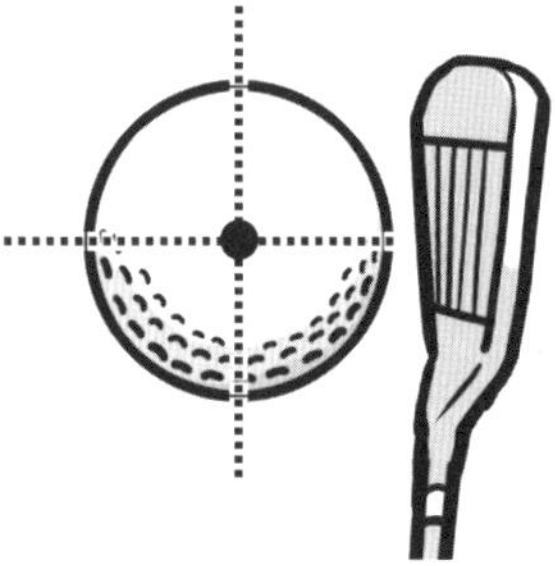

〈左足上がりのライ〉

傾斜により身体が打ち出し方向と逆に倒れそうになる。左足下がりとは逆で、「オーソドックスなアイアンの目線軸の支点よりもさらに打ち出し方向側」(ボールの側面くらい)に目線軸の支点を設定することで、傾斜側に動こうとする身体に対応できる。

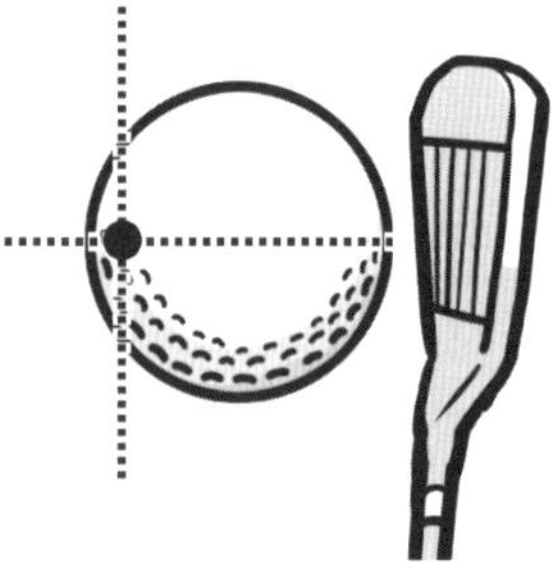

【ライごとの目線軸の支点】

《インパクトの前後30センチ》の理論を最大化するためには、ボールの位置はライに関係なく中央と考える。ライごとにボールの位置を変えていくという考えもあるが、ここでは基本的にボールの位置はスタンスの中央にあるという前提で目線軸を設定している。

〈つま先上がりのライ〉

身体は後ろ側に動こうとするため、「オーソドックスなアイアンの目線軸の支点よりもやや上」に設定することで、身体の動きのリスクに対応する。ドローボールが出やすいライでもあり、基本はこの位置だが、角度の大小、また目標方向のハザードなどの状況により微妙に目線軸をズラすことを心がけたい。

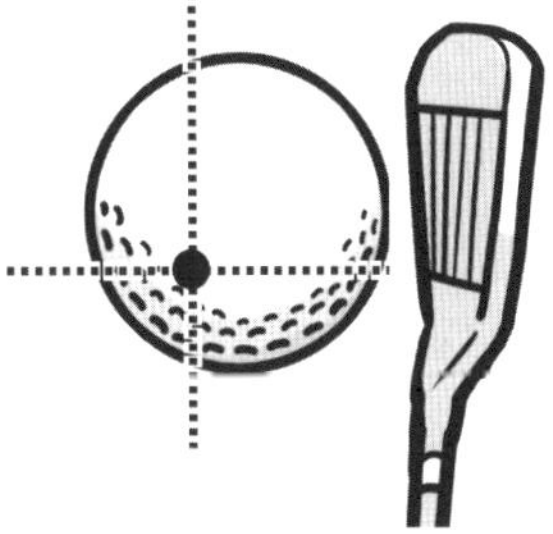

〈つま先下がりのライ〉

身体は前側に動こうとするため、つま先上がりとは逆で、「オーソドックスなアイアンの目線軸の支点よりもやや下」に設定することで、身体の動きを意識的に少なくし、リスクを減らす。ラフかどうか？　前方のハザードのリスクはどうか？　これらも考慮し、楽しみながら目線軸設定を行おう。

●不確実だからこそ極端なインテンショナル・ショットのトレーニングを！

頭で理解しても、それを体現できないと理解しきれない（理解したくない）のが人間です。普段のショットでスライスが出ても、すぐに答えが出せないことが多い。しかしインテンショナル・ショットは、フェースの向きを極端に設定し、スタンスもスイングの軌道が変わることが明らかにわかる状態になります。**「こう打つとこういったボールが出るんだ」と、インパクトの意味やミスの原因を簡単に理解でき、かつ体現できるメリットがあるのです。**さらに、脳のトレーニングにもつながります。

そして何より、ショットに柔軟性が出ます。練習場でフルショットばかり練習していると、コースでも決まりきったフルショットでしか対応できなくなってしまいます。しかし、**コースで打つアイアンショットの多くは、そのときの状況により柔軟に対応しなければいけないものばかりです。**セカンドショット以降のアイアンショットは不確実だという前提があるのだから、それを受け止めて対応する。そのためにインテンショナル・ショットはとてもいいトレーニングなのです。

また、上達してくれば、林に入ったボールをインテンショナル・ショットできれいに出すこともできるようになります。リスクの少ないコースで実践してみてください。

【インテンショナル・ショットの打ち方】

〈ブーメランフック〉

プレーヤーの目線軸の支点
（矢印はクラブの軌道）

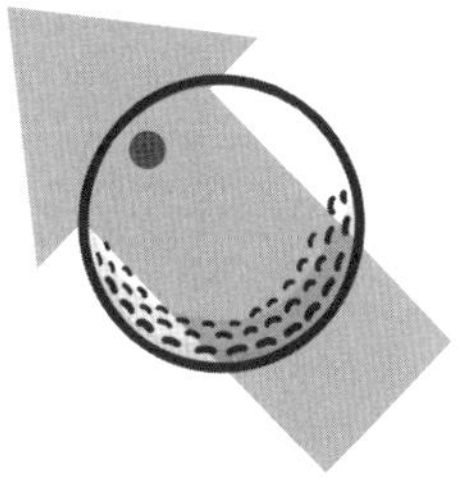

グリップの仕方と
フェースの向き

スタンスのやや右寄りにボールを置き、フェースを極端に閉じた状態でグリップ。左足を前に出したクローズドスタンスで、目線軸の支点は図のようにボールの左上に設定。あとは矢印のような左上に向かってクラブを振り抜くイメージで打とう。

〈バナナスライス〉

プレーヤーの目線軸の支点
（矢印はクラブの軌道）

グリップの仕方と
フェースの向き

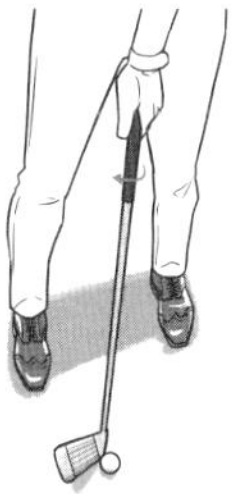

スタンスのやや左寄りにボールを置き、フェースは極端に開いた状態でグリップ。左足を後ろに引いたオープンスタンスで、目線軸の支点は図のようにボールの左下に設定。あとは矢印のように左下に向かってクラブを振り抜くイメージで打とう。

ウェッジ（グリーン周り）編

ゴルフをしているとよく出くわすグリーン周りの〝あるある〟シチュエーションを基に、アプローチのインパクト攻略法を紹介していきましょう。

●2段グリーン【ピンの位置＝奥】

無理して奥を狙おうとすると、オーバーしてしまうのではないか？　トップが出るのではないか？　反対に、手前だとパターが難しくなるし、ダフるのも怖い。そんな心理が出てくるシチュエーションでしょう（**87ページのイラスト参照**）。

ここでは目線軸の支点を使った3つのアプローチ方法を紹介します。ボールの位置は、アプローチで基本の位置となる中央やや右寄りです。

①

2段グリーンの上段を狙っていく方法です。**ボールの中央からやや右側に目線軸の支点を置いてインパクトすることで、やや高めの弾道で2段グリーンの上を狙います。**打球を高くして、オーバーしすぎるリスクを低減します。この場合スピン量は少なくなります。

2段目の傾斜が平らに近いとき、ピンが2段目の奥にあるときなどに有効です。

②

2段グリーンの坂道にぶつけていくアプローチで、最もオーソドックスで狙いやすく、目標の設定もしやすい方法です。**インパクトの目線軸は中央です。①よりもスピン量は多くなりますが、角度は低くなります。しっかりと坂道にぶつけるイメージで振っていきましょう。**

2段目の中央にピンが切ってある場合、私はほとんどこの方法を使います。多くのゴルファーにトライしてもらいたいアプローチです。

③
1段目のグリーンから2段目まで転がしていくアプローチです。

目線軸の支点は中央やや前にもっていきます。スピンが最もかかりやすくなるので、スピン量と打球の速度を意識してしっかりと打つことが大切です。

このアプローチは打球スピードが速くなればなるほどスピン量は多くなります。スピンがかかりやすいグリーンかどうかも考慮しておくことが大切です。

2段目のピンが手前にある際に、登りきったところでボールが止まるイメージをもって打つアプローチの選択肢として有効です。また、段の傾斜が弱いときにも距離感が出しやすく、有効に働きます。

郵便はがき

料金受取人払郵便

代々木局承認

6948

差出有効期間
2020年11月9日
まで

1518790

203

東京都渋谷区千駄ヶ谷 4-9-7

(株) 幻冬舎

書籍編集部宛

1518790203

ご住所 〒

都・道
府・県

フリガナ

お名前

メール

インターネットでも回答を受け付けております
http://www.gentosha.co.jp/e/

裏面のご感想を広告等、書籍の PR に使わせていただく場合がございます。

幻冬舎より、著者に関する新しいお知らせ・小社および関連会社、広告主からのご案内を送付することがあります。不要の場合は右の欄にレ印をご記入ください。

不要 □

本書をお買い上げいただき、誠にありがとうございました。
質問にお答えいただけたら幸いです。

◎ご購入いただいた本のタイトルをご記入ください。

『　　　　　　　　　　　　　　　　　　　　　　　　』

★著者へのメッセージ、または本書のご感想をお書きください。

●本書をお求めになった動機は？

①著者が好きだから　②タイトルにひかれて　③テーマにひかれて
④カバーにひかれて　⑤帯のコピーにひかれて　⑥新聞で見て
⑦インターネットで知って　⑧売れてるから／話題だから
⑨役に立ちそうだから

生年月日	西暦　　　年　　月　　日（　　歳）男・女			
ご職業	①学生	②教員・研究職	③公務員	④農林漁業
	⑤専門・技術職	⑥自由業	⑦自営業	⑧会社役員
	⑨会社員	⑩専業主夫・主婦	⑪パート・アルバイト	
	⑫無職	⑬その他（　　　　　　）		

このハガキは差出有効期間を過ぎても料金受取人払でお送りいただけます。

ご記入いただきました個人情報については、許可なく他の目的で使用することはありません。ご協力ありがとうございました。

【２段グリーンの攻め方と目線軸の関係】

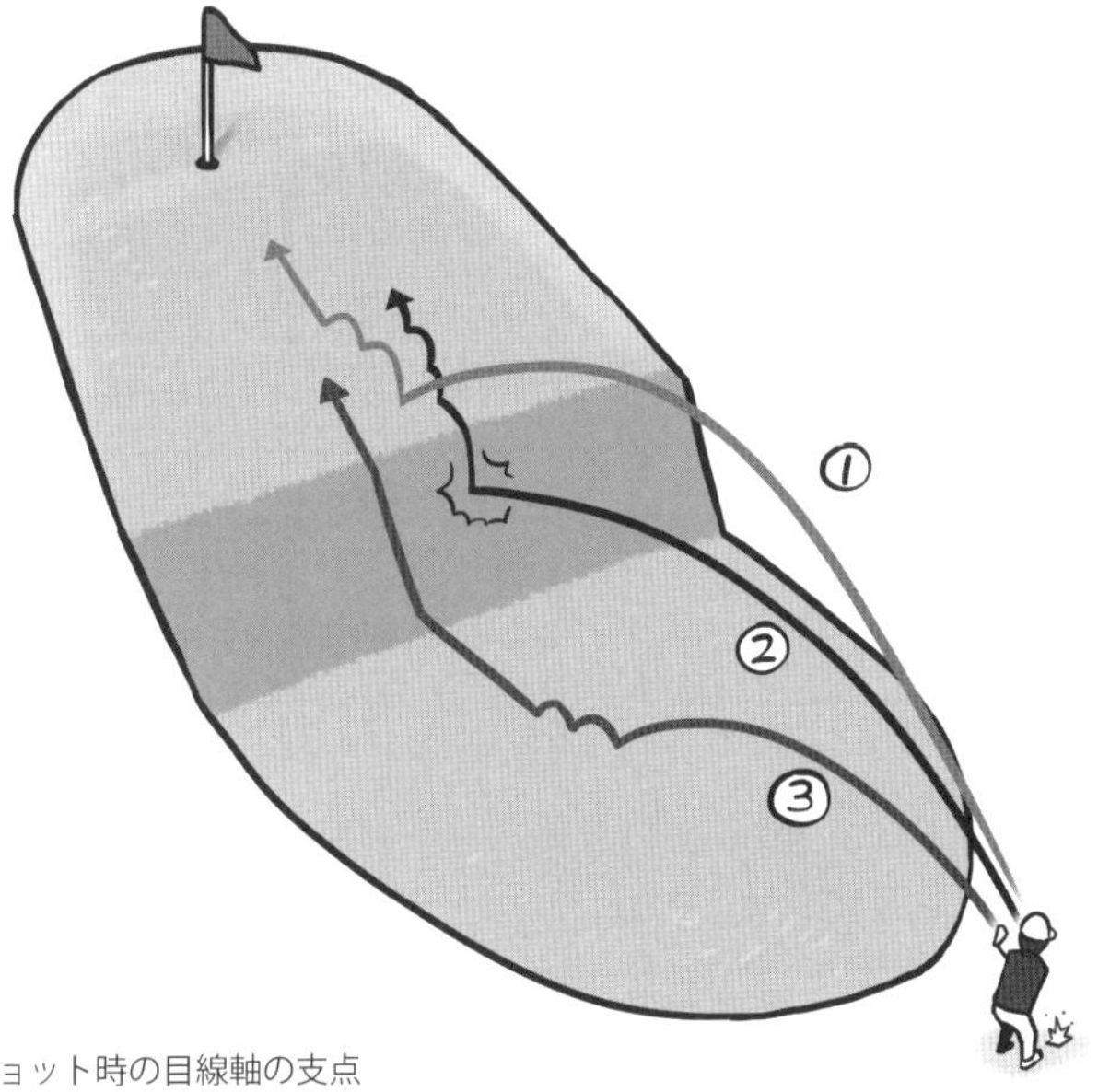

各ショット時の目線軸の支点

①　　②　　③

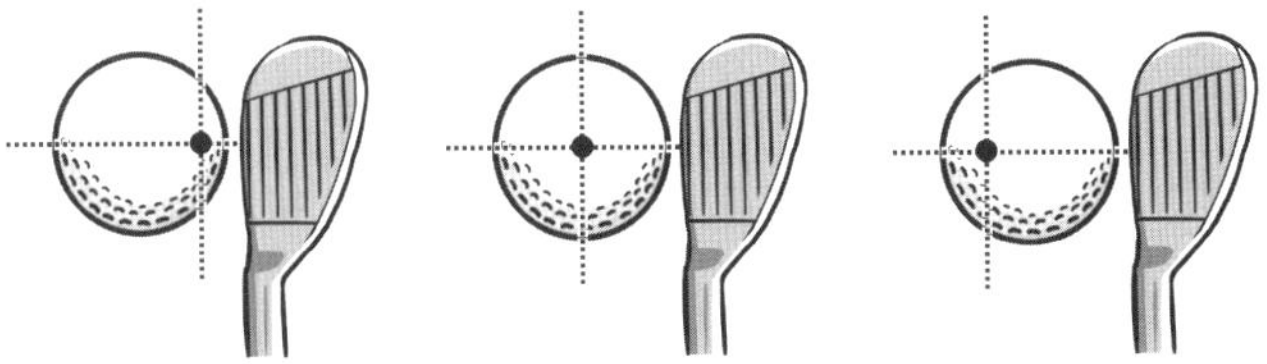

①右側（打ち出し方向と逆）に支点……ボールは高くなりスピン量は最も少なくなる。
②中央に支点……ボールは①と③の中間の高さで、スピン量も①と③の中間。
③左側（打ち出し方向側）に支点……ボールは低くなりスピン量は最も多くなる。

●バンカー越え【ピンの位置＝中央】

このシーンで考えなければならないのは、「手前のバンカーには絶対に入れない」ということです。バンカーに入ってしまえば、確実に1～2打追加されてしまうからです。

手前のバンカーに入ってしまう原因は、ダフリ、もしくは弱すぎるインパクトです。それらのリスクを避けるために、このシーンではあえて〝低め〟のボールを選択します。

ボールの位置はスタンスの中央より右足側で、目線軸の支点はボールの左側、つまり目標方向側に設定します。しっかりと打つことで、次に1パットで狙える位置にもっていきたいところです。

スピンがかかりやすい目線軸の設定でしっかりと打っていきましょう。

【バンカー越えアプローチの攻め方と目線軸の関係】

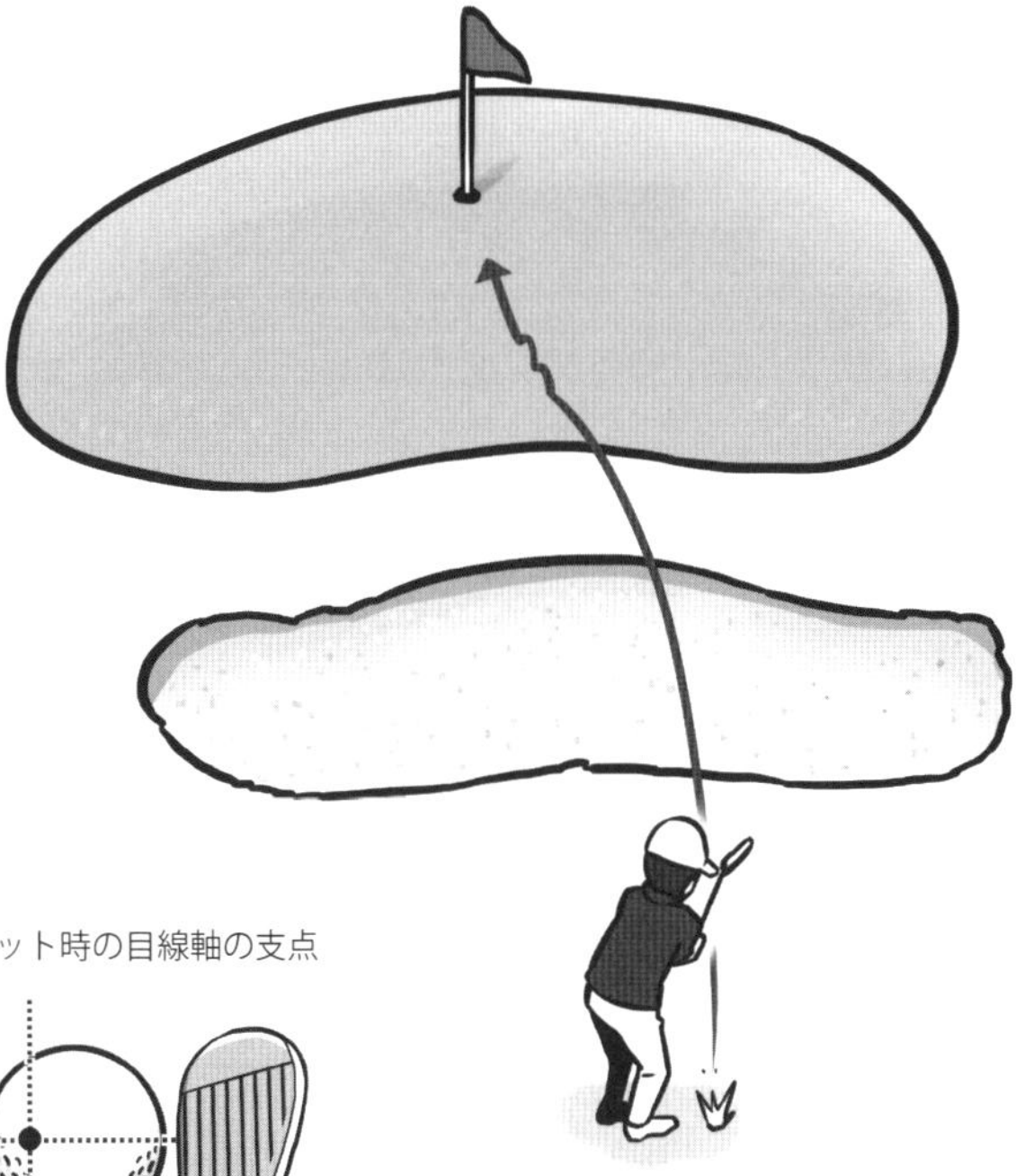

ショット時の目線軸の支点

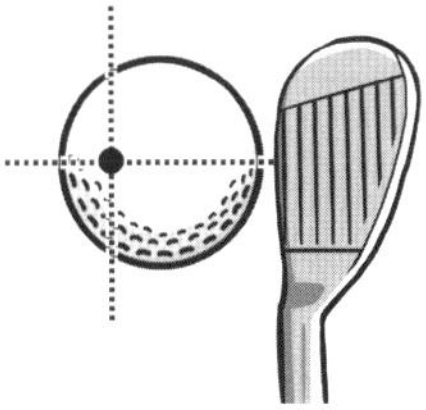

このシーンで最大のリスクはバンカーに入ってしまうこと。バンカーに入れてしまう最大の要因は、緊張と自信のなさからくるダフり、もしくは薄く当たってしまうことだ。目線軸を「ボールの左側（打ち出し方向側）」に設定することで、しっかりと当ててスピン量を多くするという“決め”ができ、メンタル的にもいい状態で打てる。

●グリーン奥から【ピンの位置＝中央】

　これもよくあるシーンで、グリーンをオーバーし、奥から下りのラインに向かって打つアプローチです。

　目線軸をボールの中央もしくは左側（打ち出し方向側）にもっていくと、ボールの角度が低くなります。下りのラインではスピンがかかりにくいので、その影響を受けてボールは転がり、最悪はグリーンの反対側にオーバーなんてこともありえます。

　このシーンでは、インパクトの目線軸をやや右側に設定し、ピンの手前を狙います。**高めの弾道が理想的で、ピンの手前に落としてあとはどのくらい転がっていくか、となるわけですが、大切なポイントは「グリーンの下を怖がりすぎない」ということです。**なぜなら、次のパットのことを考えれば、多少ピンを越えても残るのは上りのパットです。狙いやすいラインですから、気持ちに余裕をもってアプローチすることが大切です。

【グリーン奥からのアプローチの攻め方と目線軸の関係】

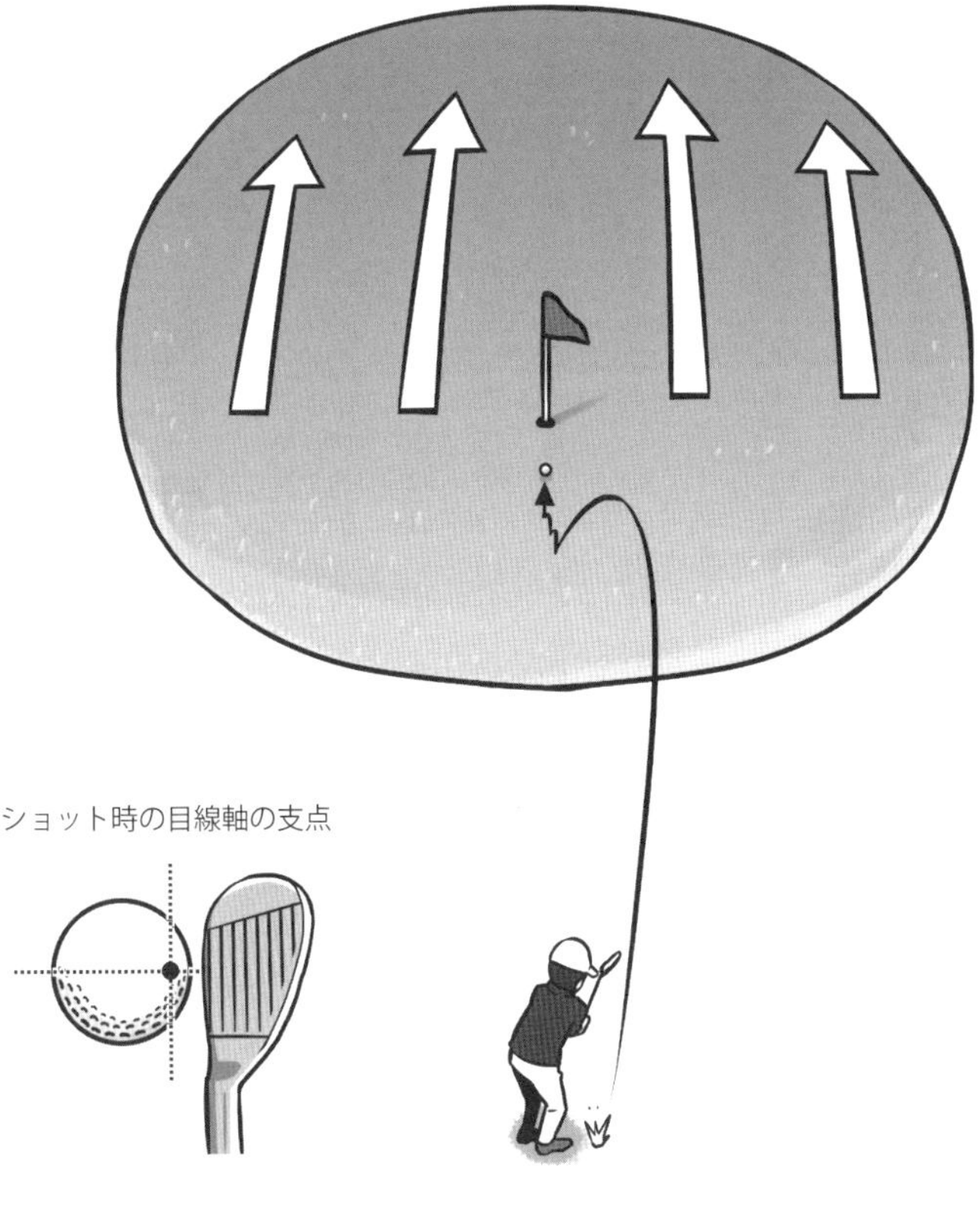

この状況ではどうしてもスピンがかかりにくくなる。目線軸を「ボールの右側(打ち出し方向と逆)」に設定し、高さを出すという選択肢が最適だ。奥に行きすぎてはいけないと思えば思うほど手前に落ちてカラーで止まってしまったりする。奥に行っても上りのラインが残るだけなので、安心して打っていこう。

●バンカーからの「直打《ちょくう》ち」が使える！

バンカーショットで悩んでいるゴルファーはとても多いでしょう。そういう人たちのほとんどは「エクスプロージョン・ショット」と呼ばれる打ち方をしているか、もしくはそれが正しいと思っているのだと思います。

これだけバンカーに悩んでいる人、バンカーが嫌いな人がいるのは、エクスプロージョン・ショットという固定観念がそうさせているのだと思います。

エクスプロージョン・ショットは、ボールが砂に埋まっているという前提があってこそ必要になるものです。が、それを教えてくれる人が少ないのが現実です。

たとえばグリーンから少し離れたバンカーで表面が硬い場合、もしくはグリーン周りでも硬めの砂でボールが浮いている場合、**通常のアプローチと同じようにボールを直接狙って打ったほうがいいケースもあります。つまり、砂ではなくボールを直接打つ、いわゆる「直打ち」です。**インパクト・ドリルによってインパクトが整っている人であれば、なおさら打ちやすいはずです。

そもそも、エクスプロージョン・ショットで正確な距離感を出せるプレーヤーがどのくらいいるでしょうか？　砂も一緒に打つわけですから、どれくらいの量の砂なのかによって距離は変わってきます。プロゴルファーならば可能でしょうが、普段からバンカー練習ができる環境にないアマチュアゴルファーにとっては至難の業です。

バンカーに入ってしまったら、すぐにエクスプロージョン・ショットを考えるのではなく、まずは固定観念を取り払ってどういった打ち方がいいか冷静に判断しましょう。

さまざまな状況に対応すべくショットに柔軟性をもたせるためにも、《インパクトの前後30センチ》を基にトレーニングすることが重要です。それによってショットの自由度が高まることになるからです。

●パッティングもラインによって目線軸を変えてみよう

パッティングにおいてもインパクトの目線軸は有効に働きます。上りライン、下りライン、フック、スライスなどによりインパクト時の微妙な圧力の違いを目線軸がサポートしてくれるのです。

大切なことは、**いつもどおりのボール位置で、ストロークも同じで、目線だけ変えることです**。そして、《インパクトの前後30センチ》はどんな場面でも忘れずに、大切にしながらパッティングに臨みましょう。

パターで大切なことは、イメージしたラインを信じることです。その信じたラインをサポートする役割を果たしてくれるのが目線軸なのです。

【ラインごとの目線軸の支点】

※ボールの上の番号は「①上り／②平ら／③下り」を表す

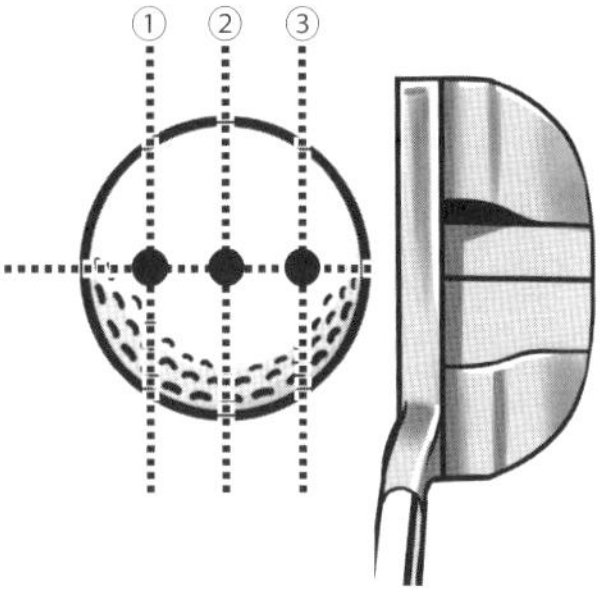

〈ストレートライン〉

ストレートなラインとはいえ、微妙なインパクトの厚みをコントロールする。繊細さが求められるパッティングだからこそ、細かな決めをつくることで、少しでも転がり方をイメージに近づけカップインの確率を高めていくのだ。

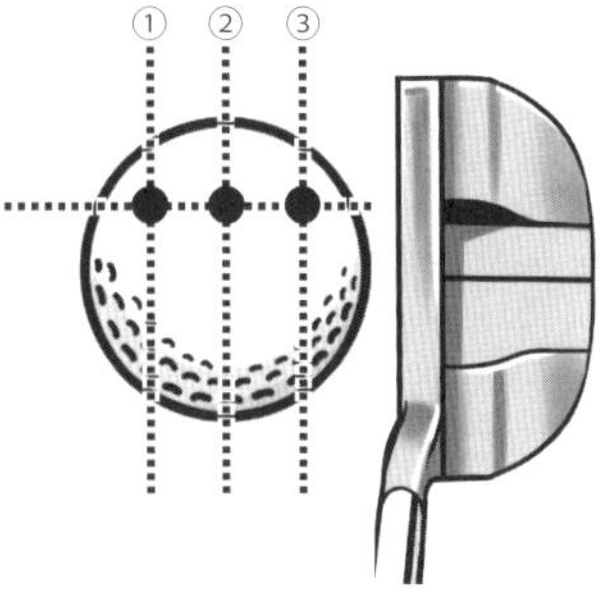

〈フックライン〉

フックラインの流れに逆らうことなく転がすために目線軸は「やや上」に設定する。《インパクトの前後30センチ》を守りながら目線軸を微妙にコントロールすることは、ボールへの影響はわずかだが、イメージに大きく影響するので大切。

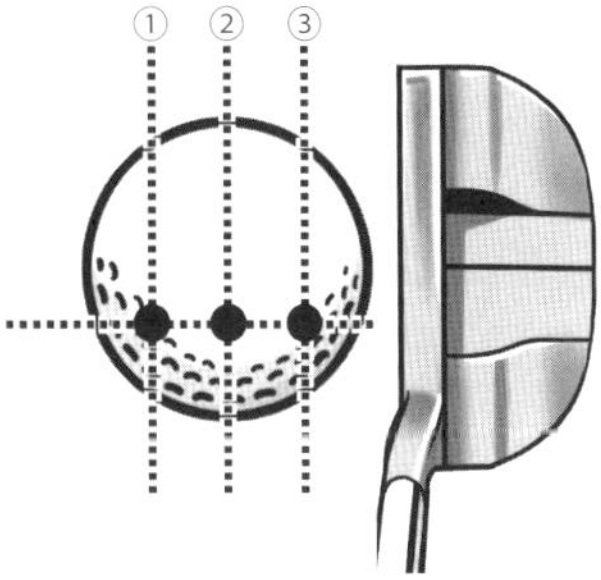

〈スライスライン〉

スライスラインに逆らうことのない、イメージどおりのラインを描くために、ボールの「やや下」に目線軸を設定する。目線軸とインパクトの厚みのコントロールは、細かいことではあるが、慣れてくるとルーティンにもなってイメージが湧きやすくなる。

●パターの型でインパクトは変わる

パターには大きく分けて「ピン型」と「マレット型」があります。マレット型のなかにも、四角く大きなヘッド形状が登場するなど、さまざまな形があります。

普段、私はピン型のパターを使っています。**集中して正しいインパクトを迎えないと正しいボールが出ないため、自然とパッティングへの集中力が増すからです。また、アプローチショットの延長で距離感をとらえやすいため、クラブによる頭の切り替えをせずに流れのあるゴルフができるという点からです。**

いつもマレット型のパターを使っている人も、ピン型のパターで練習することをおすすめします。《インパクトの前後30センチ》がきれいに整い、ほかのクラブのショットにもよい影響を与えてくれます。

また、私も含めて、頭の切り替えが下手で不器用な人ほど、じつはピン型パターが向いていると思います。前述のとおり、クラブごとの差を感じすぎずに距離感を意識できるため、頭の切り替えをせずにグリーンに向かえるという理由からです。

マレット型とピン型のパターの大きな違いで気をつけなければならない点は「ヘッドの質量」です。マレット型のパターで打つと、ピン型よりも距離が長く出る理由は、

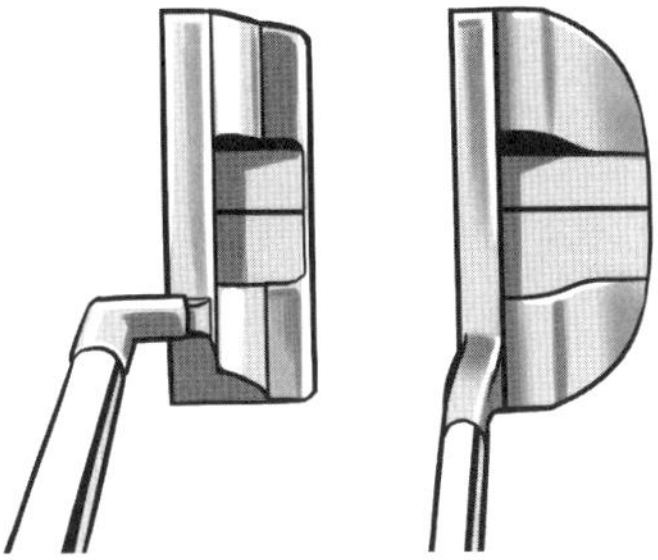

〈ピン型〉　〈マレット型〉

【パターの型】

左側がピン型のパターで右側がマレット型のパター。最近はさらに大きい『ネオマレット』と呼ばれる形もある。形ももちろんだが、質量がボールの転がりに大きく影響を与える。この違いから距離感の合わせやすいパターを選ぼう。

この質量の違いによるものです。**同じインパクトの速度でも、質量が違うことによりボールの転がる距離が変わってくる**ということを頭に入れておいてください。

パターは最も差が出るクラブ。だからこそ、クラブのなかで最も商品の回転率が高いのです。私も普段はピン型を使いますが、マレット型でグリップの太いパターをつねにバッグに入れています。そのくらい心配になりますし、明らかにしっくりこないときはすぐにマレット型のパターに替えてラウンドします。「あ、これだ！」と思えるパターに必ず出会えるので、いろいろと試行錯誤して選んでください。

ただし、《インパクトの前後30センチ》はパターの型に関係なく、すべてに共通するものです。そしてパターでのトレーニングほどインパクトのすべてが凝縮されたものはありません。そのことは忘れずにいてください。

Column

ドライバーは硬派に、アプローチはセクシーに、そしてパターは横綱のように

ゴルフはメンタルのスポーツだといわれます。そのとおりだと思います。

ただ、強心臓だ、根性がある、他人に何と言われようが気にならない、などメンタルがタフな人がスコアを残せるかというと、決してそうとは言えません。

スコアに直結するのは「マインドコントロール」です。いかに自分を優位な気持ちにさせられるかということです。ゴルフは他人との戦いではなく、あくまでコースやその設計者との対話です。コース設計者との〝化かし合い〟とも言えるでしょう。

マインドコントロールの仕方はクラブごとに異なります。それを、順を追って説明していきましょう。

ドライバーは水溜まりを狙う

「このコースのフェアウェイは広いから大丈夫」と思ったらアウトです。フェアウェイは極めて狭いと思い、直径1メートルの水溜まり、木の枝の先の1点、もしくは先に見える山の頂上にある標高が記された標柱を狙う。それくらい狙いを狭く定めてください。１００を切るためのスコアメイクなら、「だいたいあのくらいのところ」に目標を置けばＯＫと思うかもしれません。しかし、ドライバーのマインドコントロールは「絶対にあの1点に打つ」が正解です。

ドライバーは最も距離が出るクラブです。インパクトでの角度が1度ズレると２３０ヤード先では何ヤードのズレが生じるか……。**物理的に考えてもドライバーは1点を狙うというメンタルマネジメント（マインドコントロール）が正解なのです。**

水溜まりを狙うイメージでドライバーを振る。そのくらい狭く1点を狙うようにマインドコントロールしてください。喩えるならば、高倉健さんのような実直さ、ただひとつのことを不器用でも愚直に行うという意識が必要です。

アイアンショットは流れる雲のように

まず、アイアンショットは曲がって当たり前です。最も不確実なクラブです。ライの違いがある以上、弾道を完璧にコントロールするのはプロゴルファーでも難しいもの。アマチュアゴルファーにとってはなおさらです。

不確実なものだからこそ、空に浮かんでいる雲を眺めて、ふわりふわりとしたイメージでスイングしてください。雲のように、境界線はあいまいでいい。落下点もあいまいでいい。雲のように風に吹かれてもかまわない。そのくらいふわりとしたイメージでショットに臨みましょう。

最低限、考えなければいけないのは、ライによって曲がる最大のリスク。それさえ把握していれば、あとはグリーンの中央に向かって、風や環境に身を任せてショットをするのです。

安心してください。プロでも完璧なアイアンショットは1ラウンドで数回しか出ません。そのくらい、セカンドショット以降のアイアンは不確実なものなのです。

すべてのゴルファーがドライバーショットで今日イチが出るのは、ライが整っているティーグラウンドで打つショットだからです。セカンドショット以降のアイアンでの今日イチはほとんどないと思っていいでしょう。

ライの影響によるアイアンショットの不確実性を理解するところが、アイアンショットのマインドコントロールのカギと言えます。

アプローチはセクシーに

トップしたらどうしよう。ダフったらどうしよう。そんな気持ちが渦巻くのがアプローチです。そして、そう思えば思うほど本当にトップしたりダフったりしてしまうのもアプローチです。

安定した１００切りを目指すゴルファーにとっては、１００を切れるかどうかの大きな壁であり、ここをクリアすることが肝となるでしょう。

ここでは、とにかく自分を大好きになってください。そう、「ナルシスト」になるのです。ワイン片手に脚を組んで白いスーツを着て自分に酔っている、どこからどう見てもナルシスト。現実にこんな人がいるのか、くらいのナルシストになって、あなたの作品を緑のキャンバスに描くのです。俺の作品だ、くらいに、とにかくセクシーに……。

アプローチの形はさまざまだからこそ、自分の好きなようにアプローチをすることが大切です。喩えるなら石田純一さんのような、セクシーなアプローチを心がけてください。

そんなマインドコントロールができれば、アプローチはあなたのものです。「今日はどんな絵を描いてあげようかな」くらいの気持ちでグリーンと向き合い、グリーンを口説く。そんな気持ちがトップやダフりをなくし、あなたの美しいアプローチが実現するのです。「こうなったらどうしよう」ではなく、「こうなっていくよね」と。

グリーン上では横綱のように

入ると思えば入るかもしれない。入らないと思ったらそこでジ・エンド。これがパッティングの本質です。

「10メートルのパット、入るわけない……」

その時点で本当に入らなくなるでしょう。

グリーン上で大切なマインドコントロールは、グリーンを「土俵」だと思って、自分が力士になったつもりで向き合うことです。

相撲は一瞬のスポーツです。立ち合いの前に、どう立つか、力士はすべてを決めています。

パッティングも同様で、「決め打ち」が最も大切です。どういったラインか、それによりどこを狙うか、それを決めてあとは打つのみ。

どちらにせよ、中途半端な考えで中途半端なパッティングをしてもひとつもいいことはありません。「自分の土俵だ」くらいの気持ちで、白鵬関になったつもりで、横綱のようなマインドコントロールで決め打ちしてください。

それでダメなら仕方がない。それくらいの強い意志で臨みましょう。

PART 2

普通のビジネスパーソンでも1年で「70台」が出せた14の取り組み

当時、私はさまざまなプロジェクトを抱え、日々忙しく働いていました。
ゴルフを始めるきっかけは〝仕事のお付き合い〟。
一般のアマチュアゴルファーと変わらない普通のビジネスパーソンでした。
しかし、やるからには最短で、誰よりもうまくなってやろうという意識で臨みました。
どうやって1年で70台を達成したのか。
考えたこと、そのとき思ったこと、そのすべてを正直に詰め込みました。

突然やってきた1カ月後のゴルフデビュー

――よし、ゴルフを始めよう。

私がそう思ったきっかけは、仕事のお付き合いでした。そう、多くの社会人が経験する〝よくあるパターン〟でゴルフを始めることになったのです。

私は特別に運動神経がいいわけではありませんでしたが、身体を動かすことは何でも好きで、小学生のときはレスリング、中学校では野球をやり、高校生のときはスノーボードに熱中しました。大学では野球サークルに所属してはいましたが、どちらかといえば野球が終わったあとに仲間でワイワイやることに力を注いでいました。

社会人になってからは、これまた多くのビジネスパーソンと同じように、毎日の仕事に忙殺され、スポーツをする時間はなかなかとれませんでした。たまに近所のスポーツジムで汗を流す程度で、学生時代のように仲間と集まる時間さえも減っていました。

20代後半になり、ようやく仕事に余裕をもって向き合うことができるようになった頃、仕事の関係でゴルフのコンペに出ることになったのです。

ゴルフはまったくの未経験。クラブを握ったことはおろか、プロのトーナメントもほとんど見たことがありませんでした。どちらかというと、野暮ったいというイメージを強くもっていて、ツータックパンツに柄のセーターで年配の方々が楽しむスポーツという印象がありました。

突然告げられたコンペの日は1カ月後でした。クラブさえもっていない状態。友達を大切にしろと小さな頃から教わっていた私は、すぐにゴルフ関係の仕事をしている友人に電話をしました。

「あのさ、急なんだけど、ゴルフをしなくちゃならなくなったんだよね」

「なに？　接待？　コンペ？」

「そう、コンペ。会社主催でさ、出ざるをえないわけ。でもさ、おれ、ゴルフ未経験だし、もちろんクラブももってないんだよね。だからさ、なんとかしてくれない？」

「ん、わかった。ちょっと探してみて、送るよ」

するとその3日後、自宅に大きな荷物が届きました。ピカピカのゴルフクラブのセットでした。

やはりもつべきものは友です。友人に恵まれていて本当によかったと、そのとき思いました。

もともと私は「道具」というものが大好きでした。スノーボードをやっていた頃も、道具には人一倍こだわり、深夜のコンビニで長時間バイトをして貯めたお金で道具を買っていました。だから、届いたゴルフクラブにはとても興奮しました。

私はしばらくのあいだアイアンを眺めていました。このフェースの裏についているものはどういう役割なんだろう？　ドライバーってのはこんなに頭が大きいのか……。クラブの形状、曲線の美しさに、しばらくのあいだ見とれていました。それと同時に、友人への感謝の気持ちと、「これは本気でやれというお告げだな」と自覚しました。

コースデビューはわずか1カ月後です。しかし、「人ができないことをやる」が20代の私の信条でした。

「やってできないことは何もない」「常識は常識でしかない」「固定観念を覆す」

今度のコンペまでの1カ月で上位に食い込むようなゴルフができるようになろう、そしてサプライズを起こす、と強く思ったのも当然のことでした。

ゴルフクラブが届いた翌日、さっそく私は近くの練習場に向かいました。まずは7番アイアンと聞いていたので、とりあえず7番アイアンを握り練習を開始しました。

――なんだこれ、イメージとまったく違う。

練習して間もなく、そう思いました。

とにかく当たらない。あまりに当たらないので、私は機嫌が悪くなり、いちばん大きなヘッドをしているドライバーに切り替えました。「こんなでかい頭なら当たらないわけがない」と思ったからです。

当たるには当たりました。しかし手には大きな痺れがありました。ヘッドがワンバウンドしてからボールに当たる凄まじいダフリショットだったのです。ドライバーが折れなくてよかった、本気でそう思いました。

「なんでこんな大きな頭なのにボールにぶつかってくれないんだろう？」

ブツブツと言いながら、結局その日、私はただひたすら２００球、フルスイングでいちばん大きなヘッドにボールをぶつける練習をしたのでした。翌日、目が覚めると、肩や脇腹に激痛が走り、起き上がるのが大変だったことは言うまでもありません。

それでも、週に3回、なんとか時間をつくって練習に行きました。

あるとき私は思いました。ボールがまっすぐ前に飛んでいかないことには話にならない、と。そのことから、意識することをひとつに絞りました。

「ボールに対して直角に鉄の板をぶつけるようなイメージをもつ」とにかくシンプルなものの考え方をする、悪く言えば単細胞な私は、1カ月後のコンペで結果を残すために「平らな鉄の板を直角にボールにぶつければ、まっすぐ飛ばないわけがない」という単純すぎて、むしろ意味がよくわからない理論を掲げました。

　そのことだけを意識してスイングし始め、テイクバックの角度やフォロースルーなどは一切考えませんでした。ドライバーやアイアンを一枚の大きな鉄の板だと思い込んで、それをボールに直角に当てる。それだけを意識してショットを打ち続けました。

　この頃、居酒屋でよく友人に「ゴルフを始めた」「大丈夫。平らな板を直角にボールにぶつければまっすぐ飛ばないわけがない」と、まだ初心者でコースに出たこともなく、ゴルファーとも言えるかどうかの私が、よくわからない理論で熱弁をふるっていました。友人たちはだいたい呆れ顔で「いや、そりゃそうだろうけど……」というリアクションをとり、最後のほうは話も聞いてくれませんでした。

　ところが後々、このおかしいくらいシンプルな考えがとても重要な基礎固めであったと気づくことになるのです。

初めてのゴルフ場

忘れもしないコースデビューは、埼玉県のゴルフ場でした。格式の高いゴルフ場で、ジャケットを着用し、緊張してクラブハウスに入って行きました。

大切なクライアントも参加するコンペです。「襟付きのものを着る」「一緒に回る人のボールを一緒に探す」「とりあえず何かあったら走る」「ボールがコースから大きく出そうなときは〝フォアー〟と叫ぶ」など、最低限のマナーだけは頭に叩き込みました。まだゴルフウェアも持っていなかったので、チノパンにポロシャツ、ベルトは野球用のものを持って行きました。

１カ月で上位に食い込もうと本気で思っていた私は、真剣そのものでした。

――マナーはしっかりと守るが、申し訳ないけれども空気は読まない。

真剣にプレーし、素晴らしいスコアでコースデビューを飾り、あっと言わせる。プロ野球で、ルーキーがデビュー戦でホームランを打つ。そんなイメージをもっていました。

そして、〝自称〟大物ルーキーのデビューの瞬間がやってきました。

——この1打で周りのギャラリーをあっと言わせてやる。

この時点で、自分の中にある大切な理論「平らな板を直角にボールにぶつければまっすぐ飛ばないわけがない」は完全に頭から抜けていました。とてもきれいなコースと雰囲気、参加している多くのギャラリーの空気に完全にのまれていたのです。

はるか先の大きな木を目標に設定し、ティーグラウンドに立ちました。やや高めにティーを設定し、2回素振りをしてからショットに臨みました。緊張と興奮が入り混じって本当に何も考えられませんでした。

かくして、私の第1打は右の山をはるかに超える、まさに〝ホームラン〟となりました。打った瞬間に「行った！」と確信してバットを放るプロ野球選手の気持ちが少しわかったような打球でした。

正確に言うと、ホームランの距離は楽に出ていたけれど、右に大きくスライス。誰がどこから見ても「ＯＢ」とわかるドスライスでした。

この瞬間、私の描いていた理想のデビューの構図はたった1球で崩れ去りました。第1打で心にヒビが入ったのが自分でもわかりました。

「プレフォーだね」

そう優しく声をかけてくれたのはキャディーさんでした。真剣に上位を目指していた私は、優しい言葉に涙しそうになりました。母親よりも年上のキャディーさんが、アイドルグループのセンターの人に見えました。

その後も、お決まりのようにプレフォーは続きました。そしてアイアンはダフり続けました。

なぜアイアンが芝を叩いてからボールに当たるのか？　これが私の中で何よりも大きな疑問でした。じつは、練習場ではアイアンショットでまっすぐなボールが出ることが多くなっていました。だから、ドライバーさえなんとかなればアイアンは大丈夫と高をくくっていたのです。そのアイアンのほとんどがダフるという事態は本当に理解できませんでした。

このとき私は、ダウンブローという言葉すら知りませんでした。掲げた独自の理論「平らな板を直角にボールにぶつければまっすぐ飛ばないわけがない」に基づいて練習をしていたため、練習場の滑りやすい人工芝マットでクラブが滑っていたからボールが前に飛んでいたということに気づいていなかったのです。

昼の休憩時、ゴルフのあまりの難しさに呆然としながら、私は昼食をとりました。

まだ諦めたくなかったからゲン担ぎでカツカレーを頼みました。

――まだ半分で諦めるわけにはいかない。

この時点ではまだ、本当にそう思っていました。

会社の先輩が40台のスコアだったと会話をしていました。自分は60台。スコアを聞かれ、笑顔で答えましたが、心の中では「絶対に後半巻き返す」「見とけ」と思っていました。

しかし後半も、相変わらずプレフォーと仲良くしていました。そしてアイアンはダフり続けました。唯一、パターマットを購入し、毎日練習していたパッティングだけは時々長めの距離が入って、気持ちを切らさずにいることができました。

もうひとつ救いだったのはショートホール。ティーアップしたボールをアイアンで打つショットだけは比較的安定し、ひとつのホールではニアピンを取ることができました。

ゴルフを始めたての頃は、多くの人が同じように苦しむでしょう。

ただ、そんななかで、ドライバーショットの〝今日イチ〟や、ショートホールでのナイスショットが1本は出る。これは、ゴルフの神様が与えてくれる優しさではないでしょうか。確率は低くても必ず1本、優しさをくれる。その1本があると気持ちが晴れる。そんな神様がいるところも、ゴルフというスポーツの素晴らしいところだと思っています。

なんとか最終ホールまでたどり着く頃には、さすがの私も上位に食い込めないことはわかっていました。ただ、1ホールだけでもいい、ドライバー↓アイアン↓アプローチ↓パターとつながる気持ちのいいゴルフがしてみたいと思い、集中して最終ホールに向かいました。

ドライバーはなんとかOBにならない右のラフでした。少しずつ学習し、ドライバーを振りすぎないようになっていました。

アイアンでのセカンドショット、残りは130ヤードでした。あとから考えれば完全に誤ったマネジメントだったと思いますが、私は7番アイアンで軽く打つことを選択しました。するとボールは左に曲がり、グリーン手前の左側に広がる池に、ドボンという音とともに消えていきました。

直後、自分の心の奥から〝パリン〟という音が聞こえてきました。なんとか気持ちだけは切らさないように心がけていましたが、最後の最後で気持ちが切れていってしまうのがわかりました。

結果はブービー賞。スコアは「１２６」でした。

ゴルフはそんなに甘いものではないということ、ゴルフで１００を切るということがはるか先にある大きな壁に思えた一日でした。「１００を切ることなんて無理だ」とさえ思いました。

１カ月前に練習を開始したときは、「１００切りなんて簡単だろう」と思っていました。

――単純に考えてパーは「72」。ということは27回も余分に打てる。全部で18ホールということは、１ホールあたり1・5打も余分に打てるんだ。

そんな甘い考えがコース設計者とゴルフの神様に伝わってしまったのだと思います。何事も甘い気持ちがあるとよいことは起こりません。

ただ、もうひとつ、その後に活きるとても大きな気づきがありました。

それは、大の大人が子供のようにゴルフと向き合っているということです。コンペの表彰式では〝ベスグロ〟を出せば「さすがだ」と賞賛される。時に上司と部下が入れ替わったような景色に見えます。そして、経営陣にはゴルフが大好きな人が多く、普段仕事で見せないような不機嫌な姿を見せる人もいました。

これは後々大きなビジネスのツールになる。しっかり練習と勉強をして、上手になりたい。少なくともビジネス・エグゼクティブとゴルフの会話ができるレベルになることで、ビジネスにも役立てていきたい。このときの経験から、私はそう思いました。

呆然としながらも、悔しくて仕方がない思いに駆られ、泣きそうになりながら車を運転して帰りました。今思えばむちゃな話ですが、そのくらい本気で上位を狙えると思っていたのです。

しかし、この日のとんでもなく屈辱的な出来事が、ゴルフに対する考え方や練習のやり方を大きく変えさせることになったのは間違いありません。

ここまでは、よくある話でしょう。
とくにゴルフは、社会人になってから始めるケースが多いスポーツ。
楽しくてのめり込んでしまう一方、必ず仕事や付き合いとの両立が壁となります。
仕事終わりに練習に行きたいけど、今日も残業。
ようやく練習できると思ったら、急な飲みのお誘い……。
家族サービスだって必要でしょう。
「ゴルフだけ」という環境はまったくもって難しい。
では、誰もが直面するであろう問題にどう立ち向かったのか。
ここで考えに考えたから最短で上達できる理論が生まれた、と言っていいでしょう。

最短距離で上達する方法を考えに考え編み出した「取り組み方」

この頃、私は公募で群馬県富岡市の『富岡製糸場』の世界遺産プロジェクトにおける観光マネージャーに採用され、観光不毛の地を観光地にすることをテーマに、富岡製糸場の世界遺産効果を地域経済に波及させるための戦略構築、戦略推進に従事していました。

大きな改革が必要な、とてもタフな仕事でした。多くの方々を巻き込みながら、観光不毛の地を観光地にするために、より多くの人たちに世界遺産の効果を理解してもらうことや、地域の多くのキーパーソンとの会合や付き合いも非常に多く設定していました。そんななかで、時間を有効に使いながらゴルフと向き合っていました。

私の中でルールとして決めていたことは、仕事で最大限のパフォーマンスを発揮すること。そしてゴルフでも最大限のパフォーマンスを発揮すること。簡単に言えば、「仕事は最優先、ゴルフバカにはならないが効率的に練習して必ずゴルフでも結果を残す」というルールでした。

そのくらい大きなプレッシャーと向き合う仕事でしたし、何より公の仕事であり、大きな責任を伴う仕事でした。

限られた時間のなかでゴルフのスコアを伸ばすには、練習方法を考えに考える必要がありました。

そして、まず初めに目標を設定しました。

「１年後にイーブンパー（72回）で回れるようになる」

まだ１２０以上叩いているゴルファーが設定する目標としては明らかにおかしい目標で、いろいろな人に「絶対に無理だ」と言われ、鼻で笑われました。

ただひとり本気だったのは、私だけでした。

取り組み①

背伸びした具体的な目標設定の大切さ

ゴルフに限らず言えることですが、まず大切なのは明確な目標を定めること。目標があるからプレースタイルも変わる。だからこそ、具体的な数字で目標を設定するのです。ポイントは〝背伸びした〟目標設定をするということです。

ゴルフは数字ではっきりと結果が出るスポーツです。**具体的なスコア設定によって、そこに向かうのに必要な課題を洗い出すことができます。**難しい目標であればあるほど課題は多く出ます。練習場では、そのための練習を行うのです。ただ打つだけ、ひたすらフルショットをする練習の無意味さがわかるでしょう。

一旦コースに出れば自然との戦いでもあります。ひとつとして同じ状況は起こりません。**外的要因によってスキルを活かしきることができないスポーツだからこそ、背伸びした目標設定が重要なのです。**レギュラーティーからであれば誰もが目指すことのできる80台を目標とすべきで、だからこそ安定して１００を切るゴルフが実現できるようになるのです。

＊

まだまだゴルフを始めて日が浅かった私は、さまざまなことを考えました。

参考までに、本や雑誌にも目を通しました。「何か違うぞ?」と思うものばかりで、正直どれもしっくりきませんでした。

だから、「理想とする理論がないのであれば自分でつくろう。誰よりもシンプルな理論でゴルフをとらえていこう」と決めたのです。

そうして考えに考え、プレーすればするほど、「ゴルフは物理なんだ」というところにたどり着きました。心技体のうち「心」だけを鍛えても絶対にいいスコアは出ない、と初めてのラウンドでわかりました。必要なのは間違いなく「技」です。そしてそれを支えるのが「体」です。

——テイクバックをなるべく小さくしよう。たとえば50センチのテイクバックからヘッドスピードを上げられれば最高に安定したゴルフができる。でもそれは物理的に難しい。じゃあその安定した打球を実現するためにはどうすればいいのだろうか?

そんな思いを巡らしながら、練習に励みました。初めはとにかくまっすぐ当てることを意識して、長い距離のまっすぐなラインを引くように練習していました。それを繰り返し練習するうちに、「意識すべき最適な距離は30センチだ」と気づき、《インパクトの前後30センチ》という結論に行き着いたのです。

そのことに気づいてからは、ただそれだけを信じて、バカになって《インパクトの前後30センチ》だけを意識して自分のスイングを固めていきました。

そもそも、インパクトがなければゴルフは始まりません。止まっているボールを打つ、すなわち〝0〟を〝1〟にする、もしくは〝死〟を〝生〟にするような作業です。そう考えれば、自ずとゴルフの始点はインパクトであるという考えを信じ続けることができました。

「《インパクトの前後30センチ》に意識を集中させることが何よりも大切で、それ以外の部分は一切意識しない」

これでスイングを最適化させる基ができあがります。実際にインパクトを意識した練習をしていくなかで私が実感したことであり、体現していったことでした。

取り組み②

インパクトを中心にとらえて、ほかのことは考えない

ゴルフのことを考えに考えていくなかで、「今までの理論は無駄な情報が多すぎるから上達に悩む人が多いのではないか？」と思うようになりました。

そもそも、テイクバックの角度やスイングプレーンの角度、足の開き方など細かいところを考えたら切りがありません。それを身体で完璧に行う作業は、それこそ物理的に無理です。どう考えても、アドレスから始まりインパクトに向かっていく一瞬のなかで細かい情報は処理しきれません。多くの無駄な情報がゴルファーの意識に入り込み、それが正しい成長を阻害しているのです。

ですから、**《インパクトの前後30センチ》のことだけを考えましょう。あとは個々の筋肉や骨格に合わせた形に自然となっていきます。**自然なスイングをつくるすべての基となるのが《インパクトの前後30センチ》であり、そこに意識を集中してクラブを振るのです。

*

本格的なトレーニングを開始して3カ月、私はシンプルにボールをとらえることにフォーカスした「《インパクトの前後30センチ》を中心とした7番アイアン・ドリル」に専念しました。

練習回数は週に2、3回。うまく時間を確保し、1回２００球を打ち込みました。練習時間が少ないと言う人もいましたが、この回数と打球数で十分でした。

ゴルフは肩や首筋を痛めやすいスポーツです。きちんと休息をとりながら、連日の練習は避けたほうが成長を阻害しません。社会人になると中学生や高校生のときのような、毎日練習に明け暮れられる肉体ではなくなります。筋繊維の回復に時間がかかるわけです。だからインパクトの練習は、最低でも1日はあいだを空けてから行ったほうがいいのです。とくに練習初期は、インパクトに集中することで首筋などに緊張があり、強く痛めてしまえば長引いたり、癖になったりする危険性もあります。

大切なのは、週に2、3回クラブを握る時間をつくること。これなら練習と練習のあいだを空けすぎずに、仕事が忙しくても対応できました。

取り組み③

《インパクトの前後30センチ》を中心とした7番アイアン・ドリル

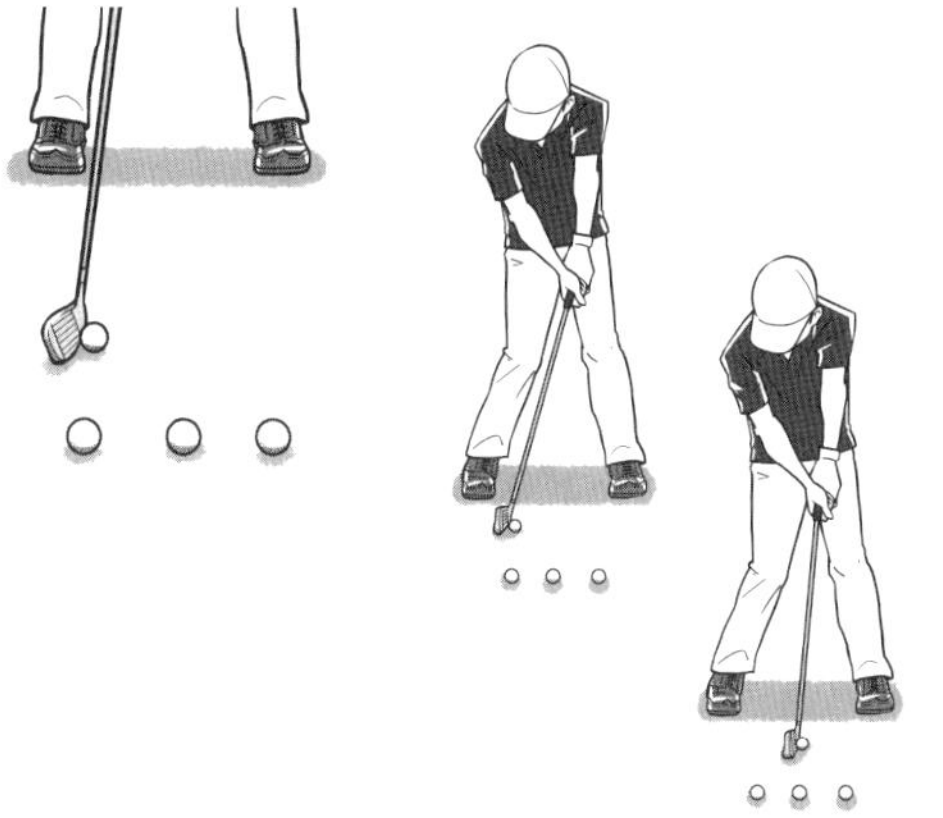

【ドリル1】3ボール・インパクト

スタンスのセンターを中心に、右、左の両サイドに15センチほど間隔を空けてボールを置きます。その3つのボールを順番に7番アイアンで打っていきます。

インパクト時のフェース面を感じ取るのに適したドリルで、インパクト率向上につながります。右、中央、左、すべての位置のボールを同じ方向に向かって打つのがポイント。ボールの高低は出ますが、あくまで同じ方向に打つことを意識してトレーニングしてください。

【ドリル2】スロースイング・インパクト

7番アイアンを使って、遅めの、スローなスイングでボールを打ちます。身体の軸のブレを防止する効果があり、さらに体幹を鍛えることもできます。また、スローなスイングを身につけることで、アプローチの精度を高めることもできるのです。

《インパクトの前後30センチ》の意識は変えず、目線軸も切らないように行うことがポイントになります。フルスイングのみの練習がどれだけ内容が薄いか、体感できるはずです。

*

インパクトを中心に考えたドリルに取り組んでいた私は、あるときもうひとつの大切な理論にたどり着きました。

「自分の目とボールのあいだに軸をつくること」

胸が躍る思いでした。

「軸は身体の中心につくる」とか「背骨を軸として考える」「２軸で考える」といった理論はいくつか目にしていました。じつはそこにずっと違和感を覚えていたのです。身体側に軸を構築して、そこを意識することがよしとされるのは社交ダンスやバレエだと思っていたからです。

断言しますが、身体の軸を意識したスイング構築では、いくら軸が整ってもゴルフは上達しません。なぜならゴルフは、〝きれいな軸を競う〟スポーツではなく、〝ボールを打つ〟スポーツだからです。

この違和感を拭い去ってくれたのが、「目線軸」という考え方でした。

それに気がついたのは、インパクトのトレーニングをするなかで、ダウンブローがうまくいかないときでした。

——ダウンに入らないなら、ボールではなくそれより前の芝のあたりを見てみよう。

そう思って練習してみたところ、見事にダウンブローできれいなアイアンショットが実現できたのです。

目線軸をつくることで人間の身体は自然とそこを最下点としてスイングします。目線軸をブレさせずにスイングすることで、身体の軸は勝手に固定されます。つまり、背骨を軸とする考え方や、身体の中心で軸をとらえるという理論は結果論だったのです。

〈ダウンブローの目線軸〉

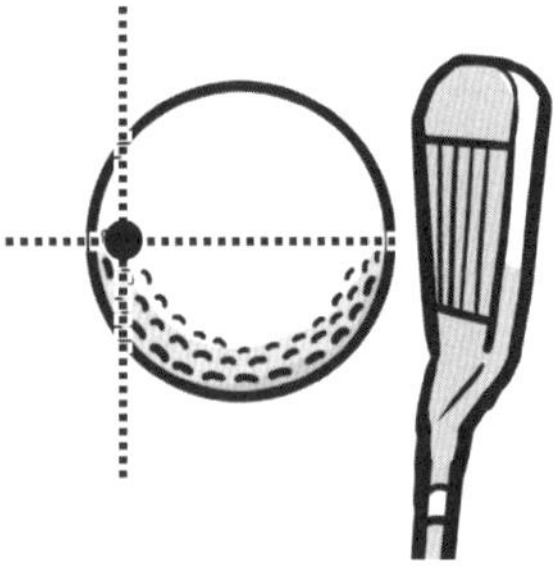

ゴルフで正確なボールを打つという考え方をしたときに大切なことは、「目線軸をブレさせない」ということです。目線軸と身体の動きの関係から、インパクトと、軸の固定、この両方につながる最適な考え方に至ったのです。

取り組み④ 《インパクトの前後30センチ》を通過するまで「目線軸」をキープ

「目線軸」の大切さに気づいた私は、目線軸にこだわった練習を行いました。

大切なことは、《インパクトの前後30センチ》をクラブが通過するまで絶対に目線軸をブレさせないこと、です。**これで正しいインパクトを迎えることができ、さらにクラブのフェース面とボールとの接触時間が延びることにより、自然とつかまったボールを打つことができるようになるのです。**

《インパクトの前後30センチ》を意識する、また整えることができ始めたら、この30センチを通過するまで目線軸をキープし続けることを覚えましょう。これを意識するだけで、より正確で、クラブの力を最大限に活かした強いショットを打つことができるようになります。

＊

単細胞だからなのか、よけいなことを考えずに練習したことが功を奏したのかもしれません。

この時期の私は、インパクト以外は本当に何も考えませんでした。テイクバックの角度や手首の使い方など細かいところまで意識していたら、早く成長することはなかっただろうと思っています。

「人間の身体はバカなようでとても賢い」のです。細かいところばかりに気をとられると、何がどうなったのか頭で理解できず、スイングは負のスパイラルをたどることになります。ひとつひとつのミスの原因をより多くのところに探してしまうのです。

ですが、ミスの原因をさまざまなところに求めても、結局は正しい原因にたどり着けないのです。とてもシンプルに、

「インパクトが整っていないからミスが出る」

これでいいのです。

頭と身体の連動が不可欠なスポーツではありますが、無駄な思考をなるべく取り払

うことで最短距離の上達につながります。そのくらい意識は身体に現れるのです。

《インパクトの前後30センチ》を基に自分の身体に最適化されたスイングを構築し、そのあと目線軸の重要性に気づいてからは「目線だけでこんなに違うものか」と、目線軸をブレさせずにショットを打つことに集中して、繰り返し身体に染み込ませていきました。

さらに私は、いくつかの練習を取り入れていきました。実際にコースに出たことを想定し、フルショットではなくライに対応した柔軟なショットを練習場で身につけていくためでした。

【１００ヤードほどのハーフスイングを中心に練習する】

７番アイアンを使った１００ヤードのショットです。ハーフスイングで低い弾道を打っていくことで、ハーフスイングを身体で覚えられると同時に、体幹を使ったより精度の高いインパクトを実現することができます。

身体に影響の出やすい冬場などはとくに有効で、冬場はこの練習だけでいいと言えるくらいです。

【ハーフスイングの練習】

スローテンポ、速いテンポなど、ハーフスイングという枠のなかでさまざまな練習を繰り返し行った。この練習が、インパクト率の向上といろいろなシーンに柔軟に対応することに大きく貢献してくれることになった。

【フルショットは全体の1割ほどにする（１００球打つなら10球くらいでいい）】

《インパクトの前後30センチ》を基に自分の身体に最適化されたスイングをつくる過程においては、フルショットのトレーニングは有効です。筋肉の使い方、ボールへの力の伝わり方などを身体に覚えさせる必要があるからです。

しかし、ある程度、自分に最適化されたスイングが構築できて、目線軸の大切さに気づいたあたりからは、フルショットのトレーニングの量は減らしていくほうがいいでしょう。なぜなら、実際にコースでフルショットができるシーンは極めて少なく、ライに対応した柔軟なショットを打つ必要があるからです。全体で１００球打つなら10球、２００球であれば20球、フルショットの練習ができれば十分です。

練習場で周りの人を見てみてください。おそらくほとんどの人がフルショットで練習しているでしょう。しかし、前述の「目標設定」の話で、フルショットでの練習は意味がないものだということに気づかされると思います。

練習場では、目標のスコアを残すための練習を行うのです。距離感に苦手意識をもつ人であれば、「1割・3割・5割・7割」と奇数で区切るか、「2割・4割・6割・8割」と偶数で区切るかして、テイクバックで上げる範囲を調節し練習するのです。

とくに、距離の打ち分けが必要なウェッジなどでとても有効です。また、アイアンショットでも打ちすぎは禁物です。ある程度は打たなければいけないという微妙な距離感の調節が必要ですが、その点でも有効でしょう。

大切なことは、〝決め〟をつくることで自分のショットに確信をもたせることです。「7番アイアンの7割なら１３０ヤード」といったように、決めた数字の練習を行い距離に対する確信をもたせることで、コースでのスコアアップにつなげるのです。

練習の本質は「自信と確信づくり」でもあります。コースで最もやってはいけないのは、迷うことです。迷ったショットは9割9分、失敗します。迷いを取り払うために、フルショットのみならず、決めをつくったショットの練習を行いましょう。

【20球は「スティンガーショット」を入れる】

私は練習のなかで、必ず20球は「スティンガーショット（パンチショット）」を取り入れていました。ボールをスタンスのやや右側に置き、叩きつけるように打ち抜くことで、低い弾道のボールを打つ練習です。

これは、風の強いコースや、リスクを回避して手前から攻めていくとき、また林に

【スティンガーショットの練習】

ドリルで紹介した『3ボール・インパクト』の要領でボールをセットして行った。アゲンストなどの条件では、ボールの高さによる飛距離への影響がとても大きくなる。そんなときにスティンガーショットは大いに役立つ武器になる。

打ち込んでしまった際のリカバリーショットで有効なショットになりました。

全英オープンなどで世界のトッププロが打つシーンを見たことがある人も多いかもしれません。「私には無理だ」という思い込みは捨て去りましょう。コースで使えるだけでなく、インパクト率の向上にもつながる素晴らしい練習なのです。

実際に練習するとわかりますが、そこまで難易度は高くありません。プロとは違い、どうしてもミスが多く出てしまうアマチュアゴルファーにとっては、コースで自分を助けてくれる〝お助けショット〟になるでしょう。

このようなコースでスコアを残すための柔軟な練習は、《インパクトの前後30センチ》と「目線軸」を基にして自分に最適化されたスイングができていればとても有効に働きます。

練習場は、格好をつける場所ではありません。コースに出たときによいゴルフをして、気持ちよくクラブハウスに戻るためにあるのです。その爽快感といったら何物にも代えがたいものです。それを味わうためにも、練習で周りの目を気にするのは、もうやめにしましょう。

取り組み⑤ 練習のバリエーションを考えて増やしていく

フルショットでないスイングでの練習は、ゴルフを行ううえで極めて重要なポイントです。「インパクト率」が極端に高くなるからです。

コースでは、練習場のようなきれいで平らなライからのショットはほとんどありません。練習場の平らなライでフルショットの練習を増やすと、フルショットでのインパクト率ばかりが高くなってしまいます。「人間の身体はバカなようでとても賢い」に通じますが、身体がそれだけを覚えることになります。しかし、フルショットの状態で固定化されたスイングはコースでは通用しない……。

さまざまなライに対応する練習は、練習場でも工夫することで取り組めます。古く固まってしまったゴムのように、フルショットのみで固定化されたスイングでは柔軟性に欠けてしまう。**いろいろな練習が、ゴルフそのものに対する柔軟性を養い、さまざまなライに対応しやすいスイングをつくっていくのです。**

ゴルフを始めてから3カ月。
初心者の頃に比べて自分の思いどおりのショットが打てるようになりました。
いちばんゴルフが楽しくて仕方がない時期かもしれません。
しかし、ここからがゴルファーにとっての「苦しい時期」とも言えます。
打てるようにはなったけど、コースでのスコアが伸びない。
まさに私も、その苦しさの渦にはまったひとりです。
なかなかうまくなれないという自信喪失→ゴルフに対してなげやりになる……。
どんどん負のスパイラルにはまっていくのを、どう食い止めればいいのか。
この課題は、先輩ゴルファーのアドバイスによって解消されたのです。

河川敷コースの素晴らしさ

初めの3カ月、インパクト中心のトレーニングをしていくなかで私は、とにかく早く１００を切りたいと思っていました。コースデビュー後、3カ月で3ラウンドしましたが、スコアはいずれも１１５前後。１００どころか１１０も切れない状態でした。

何が悪いのか、考えに考えましたが、なかなか答えにたどり着くことができませんでした。

――練習場でのボールは周りのゴルファーにも負けていないし、つかまるボールが打てるようになって距離も出ているのに……。どうしてスコアが伸びないんだ？

そんな悩みに苛《さいな》まれていたとき、ゴルファーでもある私の叔父からこうアドバイスを受けました。

「芝から打つ量が圧倒的に足りないから、公営の河川敷コースに行きなさい」

それまで私は、丘陵か山岳のコースにしか行ったことがありませんでした。河川敷コースは平坦で簡単だから、そこでスコアを出しても意味がない。そんなイメージが知らず知らずのうちに自分の中につくられ、避けていたわけではないのですが、河川敷コースに出向こうと思ったことはありませんでした。だから、そのときは叔父のアドバイスの意味がいまいちつかめませんでした。ただ、とにかくスコアを縮めたい一心で、騙されたと思って河川敷コースに出てみることにしました。

公営の河川敷コースだけに、今まで行ったことのあるコースに比べてプレーフィーが安い。これならお金の面でも安心だし、行くのにそこまで時間もかからないので、週に1回を目標に河川敷のコースに行くことにしました。

今になって思えば、この公営の河川敷コースでの練習は、ゴルフにおけるメンタル面も鍛えてくれました。

「コースのせいにしない」「ライのせいにしない」「自然条件のせいにしない」

ゴルフの上達に必要な条件を満たしてくれるのが河川敷コースだったのです。

また、風の扱いも教えてくれました。

河川敷コースのなかには、林に囲まれた林間コースもありますが、私が通った河川敷コースは林には囲まれておらず、季節によっては関東平野特有の風が激しく吹く場所でした。そんな場所でゴルフをしていると、自然と風に対処する方法も身につけることができました。どのくらい角度を変えて打てばいいのか？　こういう風の場合はどのくらい影響を受けるのか？　これらは、比較的値段の安い河川敷コースだからこそ、気兼ねなく試すことができたのです。

ゴルフにおいて、風の影響を実感できる、また風の重要性に気づくのは、もっと先のフェーズにあると思っていました。おそらく80台に突入しないと実感できないことで、そのレベルになると微妙な風さえも気になるものだと。しかし、風の重要性には気づいていないものの、風のことを身体で理解できる環境に身を置いたことは、その後のゴルフでとても活きることになりました。

ゴルフ発祥の地といわれるイギリスのリンクスコースは、風が吹き荒れています。自然の場所にそのままつくったコースです。ゴルフとはそういうところから始まっていると思うと、河川敷コースを回るということは、じつは本質をとらえていて、ゴルフの奥深さや楽しみを増やしてくれます。

そんな気持ちから、今でも河川敷コースにはよく出ています。完璧に整備された素晴らしいコースももちろん大好きですが、それがそもそも普通ではないという認識は、多くのゴルファーにもってほしいと思っています。

取り組み⑥

河川敷コースをたくさん回る

「河川敷なんて行かない」というゴルファーもいるでしょう。しかし、本当に上達したいと思うのであれば河川敷コースに行くべきだと断言します。**コースによっては管理が徹底されていない場所もあるかもしれません。それでいいのです。むしろそれがいい。なぜなら、さまざまなライからのショットが打てて、練習にもなり、自分のゴルフの経験値を上げられるからです。**

また、林で仕切られていないコースが多いため、強い風のなかでのプレーも経験できます。

このようにゴルフの上達に必要な要素をすべて満たしているのが河川敷コースなのです。ゴルフの上達を念頭に〝費用対効果〟を考えたとき、公営の河川敷コースに行くことは最もコストパフォーマンスが高いと言えます。

*

河川敷コースでの練習を繰り返すうちに私は、ある法則に気づきました。

「ドライバーがいい日はアイアンが悪い。アイアンがいい日はドライバーが悪い」

これは誰もがぶつかる壁でしょう。

この課題をクリアするために、練習場での練習方法に工夫を加えていきました。この時点で私は、河川敷コースに慣れてきたとはいえスコアはまだ１０５前後でした。

「人間の身体はバカなようでとても賢い」

この言葉を実感したのもちょうどこの頃でした。

――同じクラブでの反復練習がスコアアップの邪魔をしているのではないか。

そう考えるようになったのです。

たとえば7番アイアンを繰り返し打つ練習。7番アイアンが苦手なプレーヤーがミドルアイアンを克服するために練習するのであればいいのかもしれません。しかし、１００を切ろうという目標をもっていた私にとっては、あまり意味をなさないものでした。なぜなら、7番アイアンに精度が求められるのは、フルバックで80台前半を目指すレベルからだからです。

そこで新たに取り入れたトレーニングは「クラブローテーション・トレーニング」でした。

非常に賢い人間の身体は同じことを繰り返すと、よくも悪くもそれを吸収してしまいます。ありとあらゆるクラブを入れ替えて打つことで、賢い身体に挑戦していくようなイメージをもちました。

ポイントとなったのは、なるべく長さの違うクラブを順番に打つことです。ドライバーで打って、その次にサンドウェッジ、その次は7番アイアンという具合に。また、つねにコースを意識して、ドライバー↓ミドルアイアン↓ウェッジ↓ドライバーのように繰り返すトレーニングも行いました。

これを繰り返すことで、徐々にクラブ変更後の違和感がなくなってくるのがわかってきました。たとえばドライバーが80点のときにアイアンが40点だったとしましょう。それが、徐々に全体が平均された60点、70点というふうになっていったのです。

ここで大切なことは、平均して60点、70点となっていくのでドライバーの80点が少なくなるということです。でもこれはゴルフにとってはいいことです。

スコアアップには、各クラブの平均点に〝バラつき〟がないことが大切です。ドライバーが80点でアイアンは40点の場合、メンタルに与える影響も大きくなります。ですから、すべての平均点をいかに上げるか。もちろん平均が80点であればいいですが、クラブごとのバラつきが大きいよりも、すべてを50点、60点としていくことを心がけました。

この時期は、練習場で周りの目を気にせず、一球一球とにかく違うクラブで打つトレーニングを繰り返し行ったのです（《インパクトの前後30センチ》と「目線軸」を中心に自分の身体に最適化されたスイングをつくっていく過程においては、同じクラブでの反復練習も必要だということは改めて付け加えておきます）。

取り組み⑦

1球ごとにクラブを替える「クラブローテーション・トレーニング」

インパクトのトレーニングがしっかりできるようになってからは、同じクラブで連続して打つことは弊害も生みます。

コースで連続して同じクラブを振ることは、ドライバーショットがＯＢになったり、アイアンでチョロを打ったり、アプローチでザックリするなどのミスを犯したときか、パッティングのときだけでしょう。基本的には、毎回違うクラブを使ってショットを打つわけです。

ですから、なるべく違うクラブに持ち替えて打つトレーニングを繰り返す。このほうがよほど効果的なのです。**コースと同じことを練習場で行えばイメージが高まり実戦感覚も養われるので、一石二鳥と言える練習になるのです。**

100切りを阻むドライバーの壁

クラブローテーションのトレーニングを取り入れたあとも、私はすぐに１００という壁を破ることはできませんでした。

ゴルフを本格的に始めて5カ月が経ったあたりから、私はミス（ショット）をメモするようにしました。スコア管理のアプリにスコアを入力し、ミスはスコアカードに書き込んでいくといった具合です。自分のスコアを崩している原因は何か？　これを明確にしていったのです。

当時のウィークポイントは、多くのゴルファーが悩むものだったかもしれません。それは、ドライバーショットのＯＢが多すぎるということでした。

この事実には、なかなか納得がいきませんでした。練習場ではとてもいいドライバーショットが打てていたからです。「いい弾道で飛びますね。結構やられてるんじゃないですか？」なんて声をかけられることもあったくらいでした。

だからこそ、自信もありました。

しかし、コースに出るとどうしてもドライバーがうまくいかない。その理由は何かと考えに考えても答えがなかなか出ませんでした。成功体験が続かないというのも、自信喪失につながっていました。

この自信のなさがひとつの原因であるということに、私は薄々気づいていました。ただ、なかなか突破口が見つかりませんでした。

そんなとき、女子アマチュアのトップ選手と一緒にラウンドする機会を得ました。このラウンドが私にとって１００を切ってその先へ行く大きな突破口になったのです。

その女子アマチュアの選手は、私と同じレギュラーティーからラウンドしていました。

まず、彼女のドライバーショットに驚きました。まったく力が入っていない。しかし、距離は私とほとんど同じ、もしくは私よりも飛んでいたのです。驚くべきは、毎回同じ弾道で同じところにボールが飛んでいくことでした。

不思議で仕方がありませんでした。何かあるはずだと、じっと観察していると、リズムがとても柔らかいことに気がつきました。そして、テイクバックの位置で必ずひと呼吸おいてスイングしていたのです。

「大塚君、力が入りすぎだよ」

そうアドバイスをもらいました。私のドライバーのグリップを見ると、右手の人差し指が当たる部分が大きく擦り減っていることに気がつきました。

そこからは、彼女のリズムを真似てドライバーを打つようにしてみました。グリップになるべく力を入れず、テイクバックでひと呼吸入れ、ただただボールのところを通過させるようにドライバーを振っていきました。

すると、ボールはきれいな弧を描き、今までの力の入ったスイングでたまたまうまく当たったときと同じ距離に到達していたのです。

「ドライバーはリズムだよ」

「コースでのドライバーの打ち方はそれでいいんだよ」

「練習場とコースはまるで別物だから」

「基本的にコースのほうがボールは飛ぶと思っていいよ。気持ちが入っているからね」

このラウンドと彼女からのアドバイスがきっかけとなり、ドライバーの練習方法が大きく変わりました。本当にドライバーがきれいに、それまでよりも遠くへ飛ぶようになったのです。あまりの激変ぶりに、自分でも驚きを隠せませんでした。

取り組み⑧

上級者やタイプの違う人のプレーを見て学ぶ

「うまい人とコースに出ると、上達する」という言葉を聞きます。これは事実です。ただ、何も考えずに一緒に回ってもうまくなるわけではありません。

上手なプレーヤーと一緒にコースに出たり、プレーを見る機会に恵まれた場合に注目すべきポイントは「リズム」と「視点とクラブ選択」です。

「リズム」はショット毎によく見てください。よく上級者と回るとスコアがよくなるといわれますが、それは自然とそのリズムを真似るようになるからです。上級者ほどクラブを振っていないことに気がつくと思います。優しくスイングしているのに、距離はしっかりと出ている。これはインパクト率と距離の関係にもなってきますが、それ以上に冷静に状況を判断しているということです。そのことによりスイングに落ち着きが出てくるのです。

また、そのプレーヤーの「視点とクラブ選択」にも目を向けてください。林に目を向けるタイミングもあれば、木の枝で風を見ているときもあります。コースの先のレイアウトに目を向けている場合もあるでしょう。その時々で、そのプレーヤーが何を感じ取ってクラブを選択しているか。そこに注目するのです。

上級者になればなるほどコースマネジメントを徹底しています。具体的な数字での目標設定を中心とした正しいマネジメントを行っています。リスク回避に対する考え方も、スコアの伸びていない人とそうでない人では歴然たる差があります。「〝できない人ほどできないことをしようとする〟のがゴルフ」とはよく言ったものです。

具体的な目標設定と、どこを見てコースマネジメントをしているか。上級者と回るときはまたとないチャンスです。カートの移動中などは、詳しく質問しながら、コースではその人の「リズム」、そして「視点とクラブ選択」に注目してみましょう。

打球の勢いや、打球の凄さを見る必要はありません。これは、プロのトーナメントでも感じ取ることができますから、ぜひ一度、観戦に行ってみてください。

スコアアップに大切なことは〝そこではない〟ということに気がつくと思います。

＊

女子アマチュアのトップ選手との衝撃的なラウンドのあとで練習を重ねるうち、私はより簡単に、ドライバーやそのほかのショットをわかりやすくイメージする方法を考えに考えました。そのなかで思いついたのが、「スイングの〝スタート〟と〝ゴール〟」の理論です。

トップ選手とのラウンド中に試みた〝テイクバックでひと呼吸おいたリズム〟の本質は、「スイングのスタートの意識を変える」ところにあると考えました。スタート位置を変えることで、ゴールは勝手に設定されます。誰しもドライバーは力んでしまうものですが、その考えを前提とした「スイングの〝スタート〟と〝ゴール〟」の理論なら、スタートの位置さえ間違わなければ、力みの影響を最小限に抑えることができ、多少力んでも大丈夫なことに気づいたのです。

取り組み⑨ スイングの「スタート」と「ゴール」を設定する

スイングの「スタート」と「ゴール」の設定は、正しいインパクトを迎えるうえでとても大切な要素です。

アドレスの状態をスイングのスタート地点に設定すると、テイクバックの最も高い位置（トップの位置）から切り返しの動作が一連の流れのなかで行われることになります。この動作だと、切り返しからインパクトに向けて身体のねじれに筋肉がついていけなくなることが多く、軸のブレたインパクトを迎えるケースが多くなってしまうのです。

プロゴルファーの場合、スイングしている数が圧倒的に多く、また小さな頃からゴルフに馴染んでいるため、本能的にねじれを直すタイミングなどが身体に染みついています。だから、一連の流れのなかでインパクトを迎えることも可能なのです。

しかし、**スイングする回数、練習の頻度が限られているアマチュアゴルファーの場合、アドレスからテイクバックの頂点まではあくまで準備、インパクト前の**

〝助走〟であるという意識をもつほうが圧倒的にうまくいきます。

テイクバックの頂点がスイングの「スタート地点」です。そこから一気にゴールをめがけていくわけですが、「ゴール地点」はボールの先、インパクト通過後の30～50センチに設定することで、よりつかまった打球になるのです。

前述の、スイングのスタート地点をテイクバックの頂点とする考え方の本質は、身体が開いていない状態でインパクトを迎えるということです。アマチュアの場合、アドレスをスタートに設定すると、どうしても身体が開いてインパクトを迎えやすくなってしまいます。それを防ぐため、また力むということを加味したうえで考えられたスタートの設定です。

力んではいけないと思っても力むのが人間の性《さが》です。力んでも大丈夫と思えることが大切で、そのためにはスイングの「スタート」と「ゴール」の設定をきちんと行いましょう。

90台から110前後のスコアは、言わば〝踊り場〟である。

ここからスムーズに抜け出すための秘訣は

《インパクトの前後30センチ》を基としたスイングの最適化にある。

これは、自分が100切りをしたあとの体験によって気づいたことです。

90台を出したあとは、すぐさま80台で回ることができました。

1年近くかけて取り組んできたことへの自信を深めつつ

80台のゴルフは誰でも必ず到達できる世界だと、確信した瞬間でした。

ついに訪れた100切りの瞬間、それはまさに〝瞬間〟だった

ドライバーにおけるリズムをつかむために、スイングの「スタート」と「ゴール」を設定したトレーニングを行った結果、いつも100切りを邪魔していたドライバーショットのミスが極端に少なくなりました。

《インパクトの前後30センチ》を中心に据えた練習のおかげで、通常より早く間違いのない成長軌道に乗れた私は、最後の壁であったドライバーを克服することで、安定して100を切るスコアで回れるようになりました。

今でもよく覚えていますが、初めて100を切ったときのスコアは「91」でした。そして、勢いそのままにその次のラウンドでは80台後半を飛び越して「81」でラウンドできました。

とにかくゴルフが楽しくて仕方がなかったということ、そして思い描いていたゴルフに近づいているということが自分でもよくわかりました。「ドライバーなどでミスをしないように」というネガティブな感情から、「どうやってスコアを伸ばそうか？」というポジティブな感情に一気に変わっていったのです。

そのときは本当に無我夢中でしたが、自分の身体に最適化されたスイング構築が完成に近づいていたおかげで、ネガティブな感情に長く留まることがなくなっていたのだと、今になって振り返り気づかされました。

《インパクトの前後30センチ》を基としてスイング構築を行った人は、おそらく90台のスコアに長く居続けることはなくなるでしょう。それが《インパクトの前後30センチ》を基に「スイングの最適化」を図るという理論の最大の特長です。

90台から１１０前後のスコアは、ゴルフにおける〝踊り場〟です。自分の身体に合っていないスイングでゴルフスイングを構築すると、どうしてもこの踊り場にいる時間が長くなります。身体と頭のあいだに〝矛盾〟や〝噛み合わない感じ〟という、本来考えなくていいものが邪魔をして、90台と１００台を行ったり来たりするのです。実際、私の周りのゴルファーにもそういった人が多くいました。

すでに自分に合った自然なスイング構築で１００台前半まで来ていれば、そこからはひとつ壁を飛び越えるとスムーズに伸びていきます。何においても基礎固めは極めて重要で、とくにゴルフのようないろいろな要素が入ってきて、なおかつ無数の理論が飛び交っているスポーツにおいては、いち早くその人のゴールに向かう環境づくり、すなわち自分の身体に合ったスイング構築が大切なのです。１００切りを達成するばかりか、そのあと間もなく80台に突入できたとき、それを強く感じました。

　こうして私は、ゴルフの練習を本格的に開始して約６カ月で「81」というベストスコアにたどり着いたのです。

　ちょうどその頃、私はゴルフ専門チャンネルを契約し、寝る前に芋焼酎を片手にゴルフ番組を見ることが日課になっていました。自分なりに上達を感じることができ、ひとつの目標であった１００切りも達成していたので、ますますゴルフの楽しさを感じていたときです。とにかくゴルフにはまっていたので、プロゴルファーなど人がプレーするのを見ているのも最高に楽しかったのです。

　世界の個性ある美しい名門コースの映像は、見ているだけでも気持ちがいいものです。また、一瞬で一流のプロゴルファーの考え方に触れることもできる素晴らしい時間でもありました。

　そのときはゴルフが好きだからという理由で見ていましたが、後々のラウンドで「ゴルフを見る」ことは練習にもなると気づいたのです。

取り組み⑩ ゴルフと接する時間を長くする

私は仕事をとても大切にしていますし、ビジネスが大好きな人間です。忙しい毎日のなかでゴルフ専門チャンネルを見るということは、自分でクラブを振っていなくても一流選手のリズムを見ることができたり、インパクトの音を感じ取ることができます。**練習に行かなくても、よいリズムが習得できますし、自分がゴルフをしているかのような気持ちにもなれるのです。**

忙しい日々が続けば、クラブを握れない日も当然ありますし、むしろ１週間のなかで握れない日のほうがよっぽど多いです。だからこそ、ゴルフを〝見る〟のです。

「人間の身体はバカなようでとても賢い」

このことは、ゴルフをただ見るだけでも練習になるということを意味しています。だから、ゴルフを見ることに始まり、ゴルフと接する時間を長くすることは、忙しいビジネスパーソンにとってもおすすめできる練習方法なのです。

「80」を切るということは、ライとの対話を楽しむということ

80台までは、自分の身体に最適化されたスイングを身につければ、誰でも到達できます。自分が達成したから言うのではなく、論理的に考えてもそう断言できます。

80台に到達してからのゴルフは、本当に楽しかった。コースに翻弄されていたゴルフから解放され、自分でゴルフをコントロールしているという気持ちになれて、ようやく自分のゴルフがスタートしたかのような感じを受けたのです。

しかし、70台を出すとなると、まるで世界が違いました。私は「81」というスコアを出してから70台を出すまでに3カ月を要しました。

――「91」から「81」と100を切ってからはあっという間に80台前半にまで到達したのに、なぜたった2打が縮められないのか？

自問自答を繰り返すなかで見つけたひとつの大きなヒントは、思いのほか身近にありました。それは「家の庭」でした。

当時、家の庭の端に芝生が植えてあったので、休みの日にその芝を使って5ヤードほどのアプローチの練習をしてみたのです。手入れがされている部分ではなく、あえ

て手入れされていない部分で練習していたときのことです。グリーンに向かう花道のようにアプローチしやすいわけではなく、逆目もあれば順目もありました。たまたま逆目でアプローチしたときに打った、たった5ヤードがとても難しく感じたのです。

――芝の状態によってここまで違うものか⁉

このときの体験から私は、「ライの不思議」をさまざまな角度から見て、なんとしてもこの問題をクリアしたいと思うようになりました。コースに出ても、一旦スコアは無視して、ライのことばかり考えていました。ドライバーでは、ティーグラウンドの角度まで細かく見るようにしました。平地との角度差のあるティーグラウンドでは、右側、左側関係なくコースのレイアウトに合わせた場所（ドローやフェードの出る確率によって場所を分ける）でティーショットを放つようにしました。

距離が近いアプローチにおいては、とくに繊細にライを見ていきました。家の庭の5ヤードでも届かないことがあるのですから、極めて慎重にライと向き合うようにしていろいろなことを試していきました。

私はここでも、この問題をなるべくシンプルにとらえることができないかと考えました。大切になるのは、やはり目とボールのあいだに引く軸（目線軸）でした。それぞれのライにおいて起点となるボールの軸のポイント（支点）を変えていったのです。「すべてはライしだい」と言っていいほど、ゴルフにおいてライは重要な問題です。細かいことを追求していけば、ボールとクラブフェースのあいだに芝が何本入るか？　ここまで考えなければなりません。必ず付き合わなければならない、大きな存在であり、ライとお友達になれたら何も怖くない、と思えるくらいゴルフのすべてを表すものと言えるでしょう。

アイアンショットで、完璧なインパクトでとらえたフェードボールだと思ったら、予想に反してややドローが入ってしまった。とてもいい距離感でアプローチできたと思ったら、予想に反してスピンがかかりすぎてしまった。その逆で、予想よりもスピンがかからなかった……。一打一打を大切にしていると、芝が何本入ったかなど非常に細かいところで大きな差が出る、友達であり悪魔のような存在がライなのです。

大切なことは、そういったことをすべて受け入れて、ライとの対話を楽しむということだと思います。こういう考えになって初めて、70台を出すということが現実のものとして感じられました。もしかしたら、それを受け入れる余裕のあるメンタリティでないと入っていけない世界が、70台のゴルフなのかもしれません。

取り組み⑪ ライとの対話はしても「フライヤー」の計算はしない

ライとの対話において、「フライヤー」は考慮しなければならないものです。

しかし、インパクトを迎える前にどのくらい芝に絡むか？　そこでスイングスピードは落ちるか？　インパクト時にはどのくらいの芝がボールとのあいだに入ってくるか？　これらを検討し、確実にフライヤーするライかどうかを見極めるのはとても難しいことです。

ですから、ラフからのショットの場合は通常の距離どおりのクラブを持つようにしてみてください。**芝が絡むことによるインパクト時のスピードの低下と、フライヤーの可能性の半分ずつをとって、いつもの距離と同じクラブを選択すればいいという理由からです。**もしフライヤーをしてしまったら、それはそれで仕方がない。そう腹をくくってショットに集中することのほうが大切でしょう。

実際、私自身はフライヤーによってグリーンを大きくオーバーするという経験はそこまで多くありませんでした。それよりも、インパクトを迎えるまでのクフブの通過ゾーンで芝にぶつかることによるスイングスピードの低下でショートしてしまった経験のほうが圧倒的に多かったのです。

「フライヤー」という響きがかっこいいために、フライヤーを心配するアマチュアゴルファーはたくさんいます。**状況を全体的にとらえたとき、フライヤーする確率はそこまで大きくなく、それよりもネガティブな要素を排除してショットに意識を集中させるべきです。**

この考え方で私は、フライヤーを含む「ライ」と少しずつ仲良くなり、克服していきました。

*

ライのことがわかってくると、ゴルフの質が向上してだんだんと精度が高くなっていくのがわかりました。しかし、それでもまだ70台には届きませんでした。

集中してラウンドをして、「またダメだったか」とクラブハウスのお風呂でため息をつく。そんなラウンドが続きました。どうしても掲げた目標を達成したいという思いが強く、ラウンド中はつねに集中していました。この強すぎる思いからか、ラウンド後のお風呂では精神的にクタクタの自分がいたのです。

そんなときに家で芋焼酎を片手に見ていたゴルフ専門チャンネルで、女子プロゴルファーのトップ選手である宮里藍選手（２０１７年に現役引退）がこんなことを言っていました。

「ラウンド中、集中力は持続しない、切り替えが大切」

この言葉を聞いてから、しばらく集中するポイントと、そうでないポイントについて考えました。設定した目標を達成すると決めていた私は、どうしてもずっと集中しようとしてしまう。ゴルフ場に着いてパター練習を開始するときからカートでの移動まで、そしてそのまま最終ホールまでラウンドし、クラブハウスの風呂ではぐったり。このパターンが続いていました。こんな状態ではおそらく集中の質も落ちていたことでしょう。

しかし、どうやっても目標達成に対する気持ちが勝っていて気持ちを切り替えることができないのです。一度集中を切らすとそのまま切れっぱなしになってしまうのではないかという恐怖さえも感じていました。

「これはどうやったら解決できるだろう」と考えていたときのことです。コースに出て3ホール目、ミドルホールのセカンドショットで残りの距離は１０５ヤード。私は52度のウェッジを握りました。その日は練習場から当たっている感じがしていたので、いつもよりしっかりと、自信をもって振り抜きました。するとボールは気持ちよく高く上がり、自分の持ち球であるややフェードのボールで、上空からきれいにドスンとグリーンに落下しました。ボールはピンの真横3センチにありました。

――うわ！　気持ちいい！

これが、私のメンタル、コースどちらのマネジメントにも大きなカギになりました。

集中力を切ろう、切り替えようと思っても切り替えられない。であれば、「うわ！

気持ちいい！」という瞬間を自らつくることで解放し、勝手に切り替えを行うようになったのです。

それからというもの、練習場でもともと得意であった52度のウェッジに磨きをかけました。本当に1ヤード単位で打てるようになるために、練習の半分以上の時間を得意クラブの練習に割きました。

この経験から、70台突入のもうひとつのカギは、「絶対的な得意クラブの習得と、そこから生まれるメンタル、コース両面のマネジメント」で間違いないと考えました。コースで得意な距離が残り、〝握るとワクワクしてくる〟クラブをつくることが最高のメンタルマネジメントです。そして、そのクラブはコースマネジメントの起点にもなり、その前のショットのクラブ選択も明確になります。「ワクワクするクラブで打てる」距離を残すことで勝手にコースマネジメントができ、スコアもアップしていくことになるのです。

取り組み⑫ 「絶対的な距離」の強みを活かしたマネジメントをする

コースを逆算してマネジメントすることで、心に余裕が生まれ、よりいいショットが生まれます。だからこそ、得意な距離をつくることは極めて重要で、それがあって初めて本質的なコースマネジメントを行えるのです。

プレーヤーによって得意なクラブは違いますが、**「130ヤード以内」のクラブで絶対的な得意クラブを見いだしてください。その得意距離がコースマネジメントのアンカーの役割を果たし、コースを2分割で考えられるようになります。**

コースマネジメントは、ただリスクを回避していこうという当たり前の話ではなく、あくまでいいスコアを残すために行うものです。絶対的な距離と、それに伴う得意なクラブ、それがあって初めてコースマネジメントという言葉が自分のゴルフのなかに入ってくることになります。70台に突入するには絶対に必要なことであり、90台、80台で回っているプレーヤーも、それがあることで浮き沈みの少ない安定したスコアメイクが実現できるでしょう。

よくても悪くても「運」と伴走してゴルフを楽しむ

こうして、ゴルフを本格的にスタートして10カ月が経過した頃、私はひとつの目標であった「スコア70台」に到達しました。

初めての70台は「76」というスコアでした。前半を「40」で折り返し、なんだか調子がいいと思いながら後半に入ると、集中が持続してゾーンのような状態に入っていました。気がつくとあっという間に最終ホールを迎え、2バーディー2ボギーの「36」でホールアウト。このときは不思議とスコアに対する執着もなく、大好きなゴルフをして、目の前のことにただ集中していた、という感覚でした。

ゴルフをプレーしていると本当にさまざまなことが起こります。最高のドライバーショットを放ったかと思えば、そのボールは先のディボット跡にきれいにはまっていたり、ロングホールで最高のセカンドショットを放ったかと思えば、驚くほどランが出て、入るはずがないと思っていた池に入ってしまったり……。

その反対で、トップ気味に入ったアイアンショットがフェアウェイとグリーンの形状に助けられてピンそばに寄っていったり、ショートホールで大きくグリーンを外した明らかなミスショットがカート道路に落ちてピン方向に跳ね、ニアピンをゲットするというような珍事も起こります。

競技に参加する際には、一緒に回るメンバーを選ぶことができません。嫌味を言うのが好きな人生の先輩のなかには、「あんちゃん、フェードだから大変だねえこのコースは」と調子がいい私に揺さぶりをかけてくる人もいました。そんなとき私は、ドローを打って「別に打てないわけではないよ」と無言の抵抗をしたりもしました。セカンドショットの位置や、その日の天候、一緒に回るメンバーなど、さまざまな〝選べない状況〟が出てくるのがゴルフです。しかしそれこそがゴルフの醍醐味です。

時に運は味方もすれば、そっぽを向くときもあります。それらをすべて受け止めて、運とともに伴走することが大切だと思っています。数多くのラウンドをこなすなかで、そのようなとらえ方にたどり着いたのです。

面白いもので、すべてを受け入れ、正面から向き合って〝運と伴走する〟と、どんどん運はよくなっていきます。今ではいつも、スタート前に「今日の運気はどうだろう」と思い、運と伴走できることをゴルフの大きな楽しみのひとつにしています。

取り組み⑬ 運を味方につけられるようにすべてを受け入れる

「運を味方につける」なんて言うと、少し精神論ぽいと感じる人もいるかもしれません。しかし、自然を相手にしてプレーする以上、さまざまな状況に出くわすのがゴルフです。「運も実力のうち」とはよく言ったものですが、ゴルフにこそ当てはまる言葉でしょう。

時にはイレギュラーで予想外の悪い結果に陥ったり、反対に「まさかうまく跳ねてくれるとは」と思うほどボールが奇跡的なカムバックを遂げることもあります。

だからこそ大切にしたいのは、**何が起こってもカッとなって怒ることなく、今そこにあるすべてを受け入れて〝運と伴走する〟ということ**。それこそがゴルフの大きな醍醐味であり、ゴルフの神様を味方につける唯一の方法なのかもしれません。

*

70台が出てから4回目のラウンドで、私は初めてパープレーで回りました。

そのラウンドは、最終ホールまで2オーバーでした。

最終はロングホールで、セカンドショットを5番ウッドで放ち、ギリギリのところでグリーンに乗ったような状況でした。

ピンまでは15メートル。読みにくいスネークライン。

――ラインはよくわからないから、距離感だけ重視して強めに真ん中に打とう。

そう決めてパッティングをしたら見事にラインに乗って、初めてのイーグルと、パープレーを同時に達成することができたのです。そのラインは、今でも鮮明に思い出せるほど、きれいに映像として頭の中に残っています。


誰からも難しいと言われた「パープレー」という目標をかなり早く達成したことは、嬉しいという気持ちももちろんありましたが、そこを目指していたのだから当然だろうという生意気な気持ちもありました。

ただ、本気で目標としていたからこそ達成できたと思っています。大切なことは、本気で目標設定したならば、無我夢中ではなく「考えながら無我夢中」にならなければならない、ということだと実感しました。

パープレーという目標を設定したとき、今までの理論に対する疑問をもちながら目標を設定して、それを周りに公言していました。今までの理論には無駄がある、だからゴルフをもっとシンプルにとらえれば、常識を覆すスピードで目標をクリアできるのでは、という自分なりの考えがあったからです。

１２０以上叩くゴルファーが言うことですから誰も信じてはくれませんでしたが、私としては今までの理論に数多くの矛盾を感じていました。そして、言ったからにはそうではない理論を組み立て、それを必ず実行して結果として残す。そういうただただシンプルな考えでした。

私が当初抱いた疑念は間違っていなかったことを証明したいという強い思いでゴルフと向き合ってきましたし、その過程で多くのことを学べ、少しばかり人間としても成長できたと感じることができました。そんなゴルフだからこそ、とても大切な存在であり、本当に感謝している大好きなスポーツなのです。

取り組み⑭ 攻める気持ちをもつ～リスクのない方向ならオーバーでもいい～

「ゴルフは手前から」という固定観念があります。基本的には、手前からで間違いありません。しかし、コースによってはオーバーさせて問題のない場合があります。とくにロングホールに多く見られますが、セカンドショットで攻めていったほうがリスクの少ないコースも少なくありません。

具体的には、ロングホールのセカンド地点からグリーンのあいだにOBゾーンが広がっている場合、もしくは右、左どちらかに池やバンカーなどのハザードが広がっている場合。こういったときは、固定観念に囚われず、グリーンの方向を眺めましょう。「あれ？　グリーン方向は左右に曲がってもリスクがないぞ」というコースや、「これは飛びすぎてオーバーしてもほとんどリスクがないぞ」というコースは多いものです。

完璧なセカンドショットで自信のある距離を残せる確率、そしてそこから残り距離を間違いなく打てる確率、反対にセカンドショットでミスする確率、それと思いきってウッドでグリーン方向を狙うリスクとオーバーするリスク、そのあたりを勘案すると、ウッドで思いきって攻めていったほうがスコアにつながるコースもあるということを頭に入れてラウンドしてください。

ゴルフの基本は手前からです。しかし、もうひとつの基本は「攻め」です。攻めていいコースの場合は思いきって攻めていきましょう。

ビジネスにおいても同様です。攻めと守りのバランス、同様にどこが攻めていいポイントでどこがダメなのか、これをわかっているビジネスパーソンが優秀な結果を残すものです。

攻めて成功を収めることで、新たな成功体験が生まれ、ゴルフに対する考え方が変わるかもしれません。攻めなければ生まれない成功体験は、攻めなければ絶対に手にすることはできないものです。

エピローグ

●「ゴルフは《インパクトの前後30センチ》」で間違いない

私のゴルフは、今までのゴルフの固定観念や理論に疑問をもつことから始まりました。身体のことばかりを話すレッスンコーチ、これはまったく意味のない話をしていると思っていました。「もっと外（アウト）から」や「もっと内（イン）から」、または「テイクバックの角度は……」といった内容のものは、レッスンにまた来てもらおうというビジネス的要素もあるのかもしれませんが、本質的なレッスンではありません。むしろ悩み多きゴルファーが増え、時にはゴルフから離脱してしまう人も出てくるでしょう。長期的にとらえたとき、自分で自分の首を絞めていく典型的な考え方です。そのときはよくても、マーケット全体が縮小し、レッスンの受講生も減っていってしまうことでしょう。

また、1球ごとにアドバイスをするコーチがいます。これもまったく意味をなしません。その1球に対して一瞬で原因を理解できるプレーヤーであればいいかもしれませんが、そもそもそうでないからレッスンに来ているのです。

大切なことは、本質です。その人の身体に最適化されたスイングを構築すること。これができればゴルフを楽しむ人はもっと増えて、業界全体が活況を呈するようになっていきます。

今は趣味の選択肢が多い時代です。しかしゴルフの魅力にはとてつもないものがあります。その魅力になるべく早く到達できるようにする答えとヒントを提唱したいと思い、私の経験、そして取り組みながら考えに考えた理論をまとめました。

ゴルフのすべての基は《インパクトの前後30センチ》で間違いありません。

●何よりも大切な目標設定と、自分だからこそできるスイングの構築

私はゴルフを始めた時点で「パープレー」を目標として設定していました。この目標設定が顕著に現れたのが、１００を切ってから2回目のラウンドで「81」までスコアが伸びたという事実です。

まず、高い目標設定でなければ、《インパクトの前後30センチ》を基として自分に最適化されたスイングを構築するという考えさえ生まれてきませんでした。そして、

《インパクトの前後30センチ》を基として自分のスイング構築をしたからこそ、多くのゴルファーが成長の鈍化を感じ、いちばん悩むポイントである〝90台から１１０前後のスコア〟というステージでとても悩みが少なかったのだと思っています。つまり、**多くのゴルファーが伸び悩む〝踊り場〟をスムーズに通過することができたのです。**

事実、《インパクトの前後30センチ》をベースにしたトレーニングを繰り返してからは、スイングで一度も悩んだことがありません。自分の身体に最適化されたスイングを構築できている証拠でしょう。

また、高い目標設定をしていたからこそ、たとえば70台に突入するときなどは、妙に身構えることなく普通の心理状態でゴルフと向き合うことができました。すべて想定していたことだからでしょう。「今から70台なんて無理だよ」なんて思わずに、多くのゴルファーにも高い目標設定でゴルフと向き合ってほしいと願っています。

ゴルフは、世代を超えて、仕事を超えて、性別を超えて、共に楽しむことのできる本当に素晴らしいスポーツです。高い目標を設定する価値のあるスポーツだと思います。多くの方々とゴルフを通じて交流しながら学んだことは数えきれません。仕事における考え方までもゴルフを通じて学んだことが多々あります。

こんな素晴らしいスポーツだからこそ、より多くの方々に自分の身体に最適化されたスイングをつくって、自分らしいゴルフをしてほしいと思っています。今まで同じような切り口の理論には出会ったことがなく、「自分の考えが特殊なのか」と思った時期もありましたが、自分に最適化されたスイングを構築していくなかで、何事においても「自分らしさ」がいかに大切かという大きなことも学ぶことができました。

ゴルフ場で、居酒屋で、いつでもどんな状況でもかまいません。ゴルフを通じた楽しい時間を一緒に過ごしましょう。そして、ゴルフの素晴らしさ、楽しさをどんどん分け合っていきましょう。多くのみなさまと一緒に、ゴルフを通じて素晴らしい時間を共有できる日を楽しみにしています。「みんなお友達」です。

最後まで読んでいただき、本当にありがとうございます。

人生のさまざまなヒントを与えてくれる「ゴルフ」に、

自分を成長させてくれる「ゴルフ」に、

そして、みなさまとの大切な出会いの場を提供してくれた「ゴルフ」に、

心から感謝しています。

【著者プロフィール】
大塚 友広
Tomohiro Otsuka

群馬県富岡市生まれ
izuru株式会社代表取締役
株式会社ラフール執行役員
一般社団法人 アジアジュニアゴルフ協会（AJGA）理事兼GM
一般社団法人 法人営業デジタル化協会（HED）理事

2012年、28歳のときに富岡製糸場の世界遺産プロジェクトにおいて、民間公募による登用で観光マネージャーに就任。その際に本格的にゴルフを始める。世に出ているゴルフ理論に疑問を抱き、独学でゴルフ理論を構築し、1年でベストスコア70台前半に到達する。独自のゴルフ理論をまとめた書籍『ゴルフはインパクトの前後30センチ!』は「今までになかった」「本当にスコアが上がった」など多くの反響を呼び、ゴルフ本としては異例の5万部を突破。アマチュアゴルファーをはじめ、有名トッププロからもその理論に高い評価を得る。

その人のスイングで見えてきた一つの問題点から解決策を瞬時に的確に導き出し、スイング全体を整えることに定評がある。

名門ゴルフクラブのクラブチャンピオンのコーチも務める。

オンラインゴルフコーチング「Natural Works Golf（https://naturalworksgolf.jp)」主宰。

Twitter アカウント：@Tomohiro_Otsuka

装　　丁　金井久幸（Two Three）
イラスト　アカハナドラゴン

新装版　ゴルフはインパクトの前後30cm
2020年10月30日　第1刷発行

著　者　大塚友広
発行人　見城 徹
編集人　舘野晴彦
編集者　森田智彦

発行所　株式会社 幻冬舎
〒151-0051 東京都渋谷区千駄ヶ谷4-9-7

電話：03（5411）6211（編集）
03（5411）6222（営業）
振替：00120-8-767643
印刷・製本所：大日本印刷株式会社

検印廃止

ISBN978-4-344-03682-6 C0095
幻冬舎ホームページアドレス　https://www.gentosha.co.jp/

この本に関するご意見・ご感想をメールでお寄せいただく場合は、
comment@gentosha.co.jpまで。